JN046289

がんばりすぎて疲れたあなたが

自分の幸せをつくる本

心理カウンセラー Poche《ポッシュ》

清流出版

はじめに
～この本を手に取ってくれた、あなたへ

たくさんある本の中から、この本を手に取ってくれてありがとうございます。
ここから先を読み進める前に、私からあなたにお伝えしたいことがあります。

あなたは、絶対に幸せになれます。
誰がなんと言おうと、幸せになっていいのです。
だってあなたは、今日までたくさんがんばってきたはずだから。

この本には、そんながんばりやさんのあなたが、幸せになる方法を詰め込みました。
まずは第1章を開いて、あなたの疲れの原因を探してみてください。

今あなたが疲れているということは、あなたが「何か」をがんばったからです。この章を読めば、すぐに疲れてしまう自分を責めたり、がんばれない自分に落ち込まなくなるはずです。

自分のためではなく誰かのためにがんばりすぎていたり、誰かに気を遣いすぎて自分が蔑《ないがし》ろになっていないかどうか、振り返ってみてくださいね。

第2章・第3章と読み進めていくと、あなたの努力が足りないせいで幸せになれないのではない、ということに気づけます。

自分らしさを大切にし、自分を苦しめる悩みを手放すことができます。すると、誰かに気を遣いすぎて疲弊することが減り、自分の気持ちを大切にできるようになっていきます。自分が置かれている状況は同じでも、自分の心や体が元気になっていくのを実感できるはずです。

第4章では、「今」を大切にするにはどうしたらよいかについて知ることができます。

あなたが「今」感じている気持ちを大切にしてあげることで「自分の幸せ」は形づくられていきます。

第5章では、誰かのためにがんばってきたあなたが、自分のためにがんばれる方法をご紹介しています。

ただし、自分のためにがんばるといっても、「今よりもっと努力しなさい」ということではありません。がんばりやさんのあなたに必要なのは、もっとがんばることではなく「がんばらないことをがんばる」ことだからです。

幸せになれないのは自分の努力が足りないからだとか、自分の何かがダメなせいだと思う人は多いのですが、そんなことはありません。あなたはもう十分に努力してきたはずだし、もちろんダメな人でもありません。

「なぜ会ったこともないのに、そんなことが分かるの？」と、疑問に思いますか？

それは、あなたが今、この本を手に取ってくれたからです。

人は、自分にまったく関係のないものには惹かれません。

つまりこの本のタイトルが目に入ったあなたは、相当ながんばりやさんです。がんばることに疲れてしまうほど、たくさん考えて、たくさんがんばってきた人なのです。

それでも諦めずに、「幸せになりたい」「幸せをつくりたい」と思っているあなたを私は心から応援します。

この本を通してあなたが、あなたなりの幸せをつくっていけますように。

目次

第2章　ありのままの自分で生きる

第3章

幸せになるために。悩み、苦しみの手放し方

第4章 あなたのための「今」。自分の心を自分で幸せにする

第5章　幸せな未来のつくり方

第1章

何だか毎日が疲れるあなたへ

悩みが多くてつらいと感じていませんか？

・がんばっているのに満たされない
・人のことばかり気にしすぎてしまう
・なんだか毎日が楽しくない
・小さなことでイライラする

このように感じることはありませんか？

「幸せではない」と感じる人には、日々の悩みが多いという共通点があります。

休みの日にまで仕事のことを考えていたり、何かしていても考え事が頭から離れなかったり、嫌なことを思い出したり、寝る前にぐるぐる考え込んでしまったり。過去の悩みに加えて、次から次へと新しい悩みが増えてしまうので毎日を乗り切るだけでヘトヘトになることも珍しくありません。

このようにお伝えすると「悩んでいるから幸せになれないのですか？」「悩むのはダメなのですか？」と不安になるかもしれませんが、そうではないので安心してくださいね。

悩んでいても、幸せになれます。
悩むことは、ダメなことではありません。

まったく何も悩まないという人は、この世にいません。

悩みがなさそうな人を見た時にうらやましいと感じることがあるかもしれませんが、そう見える人も表に出していないだけで何かしら悩みを抱えているはずです。自分のつらさを人に言えない、人に弱いところを見せられないというのもまた、深い悩みとなってしまうことは多いのです。

そもそも悩めるのは、何かについて考えることができているという証拠。悩めるあなたには、考える力がしっかり備わっているということなのです。

考える力を持つあなたなら、自分が幸せになるために必要なものもちゃんと見つけることができます。

今抱えている悩みがどこからくるのか。
何がストレスになってあなたを苦しめているのか。
どうすれば幸せになれるのか。

このようなことを本書で一緒に探していきましょう。

さて。
あなたが今抱えているのは、過去の悩みでしょうか？
それとも現在、未来についての悩みでしょうか？

もしも過去の悩みに苦しめられているのなら、第3章の中の「過去のつらいことを思い出す」がお役に立てるはずです。

過去のつらいことを思い出した時に、悲しくなる人もいれば怒りが出る人、混乱したりパニックになる人などさまざまです。このような感情の差がなぜ生まれるのかについて3章で知ることができれば、今よりも過去に悩むことが減ります。嫌な過去を消すことはできませんが、嫌な過去の影響を減らすことはできます。

もしもあなたが今現在、もしくは未来について悩みを抱えているのなら、第4章「あなたのための「今」。自分の心を自分で幸せにする」がお役に立てるはずです。

この章で知ることができるのは、今の自分を大切にすることで幸せになる方法です。他人優先で動くことに疲れてしまったり、あなたばかり我慢しているように感じたり、人に気を遣いすぎてしまう優しいあなたが、無理なく自分を大切にするための方法をまとめています。

特に対人関係での悩みを抱えている場合は、ほんの少し自分を大切にするだけで、今よりかなり悩みにくくなりますよ。

「悩む」というと良い印象をお持ちでない方が多いのではと思いますが、悩むことは悪いことではありません。悩むからこそ成長できることもあるし、悩むからこそ新しい学びや発見もあります。だからこそ私は、悩みが多いという人をダメだとは思わないのです。

でも、悩み事があまりに多すぎると幸せになるための準備をする余裕がありません。悩む時には、時間も体力もたっぷり使うからです。

大嫌いな人を思い浮かべながら楽しい未来を想像したり、つらい過去を思い出しながら自分の幸せについて考えるのはなかなか大変なもの。車のアクセルとブレーキを同時に踏むようなもので、がんばればがんばるほど心身に負担がかかり身動きが取れなくなってしまいます。

悩みが多すぎてつらいなぁという人は、自分が抱えている悩みが過去のものなのか、それとも今や未来に関係するものなのかを考えてみてくださいね。

なお、過去・今・未来の全てに悩みがあると感じる場合には、「今」の悩みから対処していきましょう。今が変われば、未来が変わります。今の捉え方が変われば、過去の捉え方も変わっていきます。

今の悩みを軽くすることは、幸せになるための近道です。

がんばっているのに満たされない

「努力は必ず報われる」という言葉があります。
学校の授業か何かで聞いた気がするという人もいれば、日本のプロ野球選手王貞治《おうさだはる》さんをはじめ何かを成し遂げた人たちのインタビューで聞いたことがあるという人もいるかもしれませんね。

成功者がこの言葉を語ることが多いせいか「必ず報われる＝必ず結果が出る」と捉えてしまいがちですが、「報われる＝結果」とは限りません。
さらには何をもって報われたと感じるかは、人それぞれ違います。

たとえば報われるという意味が努力によって知識や経験が得られることだとするな

ら、努力すれば必ず報われるといってもいいでしょう。努力したということは、努力する前と比べて得たものがあるはずだからです。

でも報われるという意味が何かしらの良い結果を得ることだとすれば、必ず報われるとは限りません。受験や試験のように、努力しても思ったような結果が出ないことはあります。

がんばってても認めてもらえなかったり、がんばってても受け入れてもらえなかったり、がんばったのに結果が出ないことに落ち込むこともあるかもしれません。自分1人の問題ではなく、複数の人が関係するような場合は特にそうです。

たとえば、オリンピックには努力を重ねた選手が各国から参加していますが、全ての人がメダルを取れるわけではありませんよね。

「努力すれば必ず報われる」という言葉にあなたが勇気をもらえるならば、努力を重ねるのもいいでしょう。

勇気をもらえるということは、あなたががんばるために背中を後押ししてくれる言葉だということ。「これをがんばりたい！」というあなたの本音に沿った言葉だということだからです。自分の気持ちを後押ししてくれるような言葉は、どんどん取り入れるべきです。

でも反対に、この言葉に苦しくなってしまう人もいます。

がんばっているのに満たされないと感じたり、一体どれだけがんばればいいのだろうとしんどくなっているのなら、努力は一旦ストップ。

本当はがんばりたくないことをがんばりすぎているか、がんばってばかりの毎日に疲れすぎてしまっている可能性大。さらには自分の努力を認められず、結果だけを求めすぎて自分自身を追い込んでしまっている可能性があります。

誰かにとって良い言葉が、必ずしもあなたにとって良い言葉とは限りません。誰かを成功に導く言葉が、あなたを成功に導くとも限りません。どの言葉が心に響いて、どの言葉があなたの支えになるかは、環境や心の状態によってもガラリと変わります。
口コミサイトで高評価のスキンケアアイテムが必ずしも自分に合うとは限らないのと同じで、良さそうだと思って取り入れても、「やっぱり合わないかも」と感じることが誰にでもあります。

だから自分が「いいな」と思った言葉はどんどん取り入れればいいし、「ん？」「それはおかしいんじゃないか？」とモヤモヤするような言葉は取り入れなくていいのです。自分に合わないコスメを肌荒れしてまで無理して使わないのと一緒で、自分に合わない言葉はどんどん手放していきましょう。

あなたがいいなと思うのにもモヤモヤするのにもちゃんと理由があるはずですから、自分の心の声をもっともっと信じてみてください。
あなたをよく知らない他の誰かの言葉ではなく、あなたをよく知る自分自身の「これがいい」「これは違うかも」という直感を大切にしてくださいね。

「がんばっても満たされない」と感じられるあなたは、努力することのできる人。正確には、これまで努力してきた人です。

がんばっても満たされないという感覚は、何かをがんばった人にしかわかりません。

ですが、がんばれる人があれもこれもと良さそうな言葉をすべて取り入れていたら、時間も体力も足りなくなってしまいます。がんばれてしまうあなただからこそ、自分にとって良い言葉をどんどん選んでください。やっぱり違うなと思えば、その言葉は一旦手放しても大丈夫。

世の中にはたくさんの良い言葉・良い方法があふれていますから、あなたにぴったりの言葉も必ず見つかります。

自分の心の声を信じてね。
みんなが良いというものが、
あなたにとっても
良いとは限らないから

人のことばかり気にしすぎてしまう

世界的に有名なパティシエが作ったケーキが5個、箱の中に入っていたとします。
「このケーキはすべてあなたにプレゼントされたものなので、全部食べていいですよ。どれから召し上がりますか？」と訊ねられました。

さて。この時あなたは、どのような気持ちになるでしょうか？

ケーキが大好きな人ならきっと、箱に入ったケーキを見てワクワクするのではないかと思います。まずはどれから食べようかと、迷ってしまいますね。
（ケーキなど甘いものが苦手な人は、自分の好きな食べ物に置き換えて考えてみてくださいね）

ではもしこの時、あなたが友達と一緒だったとしたらどうでしょうか。

友達2人とあなたに、同じく5個入りのケーキがプレゼントされたとしても「どれを食べたいか」というワクワクした気持ちでケーキを選ぶことができますか？

なぜこのような質問をしたかというと、人のことばかり気にしすぎてしまう場合には、1人の時と誰かといる時では思考回路が変わるからなのです。

1人の時には「どれを食べたいか」という自分の気持ちを優先して選べるけれど、誰かと一緒の時には「この人はどれを食べたいだろうか」と相手の気持ちを優先して選びがちです。

その結果、自分がどれを食べたいのかという本音やワクワクが置き去りになってしまうことがあります。

あなた自身のことを振り返ってみてください。

誰かといる時には「これが食べたい！」と素直に言えなかったり、本当は食べたいケーキが決まっているのに「どれでもいいよ」「残ったのでいいよ」と言ってしまって後悔したことはありませんか？

ここでお伝えしたいのは、「自分の食べたいケーキをなんとしても主張したほうがいい！」ということではありません。「誰かに譲らなければいい」というアドバイスをしたいのでもありません。

誰かの気持ちを考えられるのはあなたの良さですし、譲り合いが必要な場面もあります。自分の主張だけを通していたら、人間関係もうまくいきません。

ですが、もしあなたが「人のことばかり気になる」と感じているのなら、次の2点について考えてみてほしいのです。

・1つ目。
あなたばかりが我慢しすぎてしまっている可能性はないでしょうか？

・2つ目。
いつもあなたが譲っていたり、あなたが折れてばかりということはないでしょうか？

もしもこれらの答えが「はい」なら、人のことを優先しすぎてしまっているのかもしれません。

人のことを優先するのがいけないということはありませんが、あまりに優先しすぎてしまうとしんどくなってしまいます。誰かを優先するには、自分を後回しにしなければいけないからです。

そんな優しいあなたに読んでほしいのが、第2章です。

なぜか他人優先になってしまうという場合は、あなたが他人優先になってしまう理由を知ることから。他人を優先してしまう理由がわかれば、「他人を優先するかどうか」をその時々で選べるようになります。

さらには他人を大切にするように自分も大切にしていいと納得できれば、今より自分に優しくなれます。

今より自分に優しくなれると、自分を苦しめるものを減らし、その代わりに自分が幸せになるために必要なものを選べるようになります。

自分らしく生きることの意味がわからない、ありのままの自分でいいと思えないような場合は、第2章の「みんな自分らしく生きていい」がお役に立てるはずです。ここでは誰かが貼った「○○だから」というレッテルが、あなた自身を苦しめていないかどうかを振り返ることができます。

あなたが幸せになるための鍵を握るのは、新しいスキルを身につけたりがんばって何かを変えることではなく、今のままの自分を大切にしてあげることです。

誰かのために時間と体力を使ってきたあなたが、これからは自分のために時間や体力を使えるようになることが、幸せをつくる上で大きな一歩になります。

人のことが気になる
あなただからこそ、
「自分」のことも
気にしてあげてね

なんだか毎日楽しくない

「なんだか毎日楽しくない」と感じているあなたに、２つ質問をします。
頭の中で「はい」「いいえ」で答えてみてくださいね。

・１つ目。
幸せな状態というのは、楽しいと感じられる状態だと思いますか？

・２つ目。
毎日楽しいと感じられるようになったら、幸せになれそうですか？

いかがでしょうか？

もし両方の質問の答えが「いいえ」なのだとしたら、あなたにとっての幸せに「楽しい」はそこまで重要ではないということです。この場合は、具体的な悩みの手放し方についてまとめている第3章を読んでみてください。気になる部分から読んでみることで、自分が幸せになるために何が必要か見えてくるはずです。

どちらか一方の答えが「いいえ」なのだとしたら、あなたにとっての幸せは「楽しい」と感じられることだけでは不十分だということ。楽しいと感じられる状態に加えて、別の何かを求めている可能性があります。

この場合は第4章を読むことで、今の自分に足りない「何か」が見つかるはずです。

ここから先の内容は、両方の答えが「はい」のあなたにお伝えしたいことです。

毎日が楽しくないと感じる人の中には、2つのタイプがあります。

1つ目は、以前は楽しめたのに今は楽しくないというタイプ。

この場合は、今のあなたの環境が「楽しくない」につながっている可能性があります。楽しくないものを手放して、その部分に「楽しい」「嬉しい」と感じるものを取り入れることで、幸せな毎日を送れるようになっていきます。

2つ目は、そもそも「楽しい」という感情がよくわからないタイプ。

この場合は子どもの頃から感情をあまり表に出していないか、もしくは自分以外の誰かに気を遣いながら生活を送っていた可能性があります。

楽しさに幸せを感じる人もいれば、楽しさにそこまで幸せを感じない人もいます。

でも、楽しめないからといって不幸だとは限らないし、楽しめるからといって幸せだとは限りません。おだやかで安定した毎日を幸せと捉える人もいれば、楽しいことや嬉しいことがいっぱいの毎日が幸せだと感じる人もいます。

お金や物に不自由しない状態が何より幸せだと感じる人もいれば、人との心のつながりが何より幸せだと感じる人もいます。

「幸せ」と聞くと、何か唯一の正解があるように感じるかもしれませんが、このように幸せの形は人それぞれ違います。生まれ持った性格や育ってきた環境、これまでに経験した出来事から、自分なりの幸せのイメージがつくられていくからです。

今あなたが「なんだか楽しくない」と感じていて、そんな毎日に物足りなさや満たされなさを感じているということは、あなたには自分の幸せに必要なものが1つ見えています。

それが、楽しさです。

幸せの形に、正解・不正解はありません。世の中のみんなが幸せだと思ったとしても、あなたが幸せだと思えなければそれは幸せだとはいえません。だからあなたがどんな状態を幸せだと思うかが、あなたにとっての幸せの正解なのです。

あなたなりの幸せの形を探して、それを堂々と探し求めていくことで、あなたなりの幸せをつくっていきましょう。

なお、幸せのつくり方については、第5章で詳しくまとめています。

「楽しい」「嬉しい」という感情がよくわからなかったり、やりたいものや好きなものがわからない場合はどうすればよいかということもこの章で知ることができますよ。

小さなことでイライラする

小さなことでイライラする自分に悩んでいたり、そんな自分を変えたいと相談に訪れる人がここ数年でぐっと増えています。そのような人たちというのはイライラしないよう何かをがんばろうとしていますが、それよりも環境や付き合う人を変えるほうが効果的なケースはとても多いのです。

さらには、小さなことでイライラする人に必要なのは、がんばらないこと。イライラしないためにがんばろうとしていること自体が、ますますイライラを膨らませてしまっています。

イライラしてしまう自分が嫌になったり、そんな自分を責めてしまうという人は多いのですが、本来は自分を責める必要はまったくありません。イライラするという時点であなたは相当がんばっているからです。

イライラは、小さな怒り。大きな怒りを出せない時に出てきたり、怒りを我慢した時に漏れ出てくるものなのです。

イライラするほど日々耐えてがんばっているのですから、「イライラする自分がダメだ」「こんな自分を変えなきゃいけない！」なんて追い込まないでおきましょう。

まずは「イライラするほどいろいろなことに耐えている」「イライラするほどがんばってきたのだ」と自分を認めてみてくださいね。

自分を認めることができたら、1つ考えてみてほしいことがあります。

それは今あなたが、疲れていないかどうかです。

しっかり眠れているか、スッキリ起きられているか、やらなきゃいけないことだらけでキャパオーバーになっていないかを振り返ってみてください。

疲れているかよくわからないという場合は、「私は元気いっぱいだ」と胸を張って答えられるかどうか考えてみてください。元気いっぱいだと答えられないのであれば、何かしら疲れが溜まっている可能性があります。

イライラというのは、疲れている時に出やすいものです。

たとえば十分に寝て体調も万全という時ならば、家族や友人に面白くないギャグを言われても笑ってあげたり、上手に受け流せるかもしれません。

でも徹夜で寝不足で、やらなきゃいけないことがまだ残っている……そんなヘトヘトの時に、面白くないギャグを言われたらどうでしょうか？

受け流せなかったり、イライラしたり、「静かにして！」と怒ってしまうこともあるのではと思います。

ではイライラした時にはどうすればいいのかということですが、一番良いのは心と体が全回復するまでとことん休むことです。

とことん休むのが難しければ、「ここまでやっておこう」と思う一歩手前でやめておいたり、先延ばしにできることは先延ばしにしたり、サボれる家事はサボったりと、なるべく体力を使わないようにしましょう。

これらを実際にやってみて驚かれる方はとても多いのですが、疲れをしっかり取ったり、疲れにくい行動を意識するだけでかなりイライラしにくくなります。

イライラは、お疲れサイン。

イライラした時にはイライラしないようにがんばるのではなくて、がんばるのをお休みしましょう。

それでもやっぱりイライラするなら、あなたを疲れさせてしまう何かがあまりに多すぎるのかもしれません。あなたを疲れさせてしまう物事を減らす方法については、第4章の中の「苦手なもの、嫌いな人にはさよなら」で紹介しています。

イライラを減らして、その代わりに幸せをつくるための時間を増やしていきましょうね。

あなたの疲れはどこから生まれている？

お料理中によそ見をしていて、腕が熱い鍋に触れてしまった場面を想像してみてください。

あなたはどのような行動に出るでしょうか？

おそらく「熱っ！」と反射的に声が出たり、パッと鍋から腕を離すかのどちらかなのではと思います。やけどしていないか気になって、慌てて腕を見るという人もいるでしょう。

このような行動が取れるのは、私たちに温度や痛みを感じる力が備わっているからです。

ではもしこの時、痛みを感じなかったらどうなってしまうでしょうか？

おそらく、先ほどとは比べものにならないほどのひどいやけど状態になってしまうはずです。

軽いやけどで済むのは、「熱い」「痛い」と気づき、腕を熱い鍋から離すから。熱い鍋に腕が当たっているのに気づかずにそのままボーッとしていれば、皮膚はどんどん傷つき、取り返しがつかないほどの大怪我になってしまいます。

このことからもわかるように、実は痛みは私たちが生きていく上で必要な感覚です。痛いからこそ危険を感じて身を守ったり、無理せずに済んだり、ひどい怪我にならずに済みます。

同様に「疲れ」も、私たちに必要な感覚の1つです。

疲れない体が手に入ればどんなにいいだろうかと一度は考えたことがあるかもしれませんが、疲れは生きていく上で必要な感覚です。

疲れない体を手に入れたいという人の多くは、「もっとやりたいことがある」「疲れなければ長時間やり続けられる」「もっとできることが増える」など、今よりも何かをがんばろうとしています。

そんなあなただからこそ、あなたの体は疲れを感じさせることで、取り返しがつかなくなる前に強制的にストップをかけてくれているのかもしれませんね。疲れを感じられなくなってしまったら体や心が限界に達してもなお動き続けて、それこそ取り返しがつかないことになってしまうかもしれませんから。

・すぐに疲れてしまう
・周りの人みたいにがんばれない
・疲れてしまう自分を変えたい
・毎日いろいろなことに疲れてしまう

あなたもこのように感じることはありますか？

疲れてしまう自分が悪いのではと自分を責めてしまったり、疲れないようになりたいとがんばろうとする人は多いのですが、疲れるのはあなたのせいではありません。

だからと言って「疲れに感謝しましょう」と言ったり、「疲れはいいものですよ」とおすすめするつもりはありません。

ここで私があなたにお伝えしたいことは、２つあります。

1つ目は、疲れは必要な感覚だということ。

がんばりやさんのあなたが無理をしすぎないためには、「疲れた」という感覚は必要です。さらにはつい相手を優先して自分のことが後回しになってしまう優しいあなたにも、疲れの感覚は欠かせません。もう動けないのに誰かのために動いてしまうような時に、体が「疲れ」という形であなたにブレーキをかけてくれることがあります。

疲れが必要な感覚といっても、不快であることに違いはありません。

疲れるのが嫌だと思う人こそ、「疲れを取るために休もう」と思ってみましょう。

疲れた時には、なるべく早く休んだほうが回復は早いからです。

疲れてしまった時に「なんでこんなにすぐ疲れてしまうのか……」と自分を責めるのは逆効果。「疲れたということは、無理せず休めということだな」と、自分に休むことを許可してあげてください。

骨折や怪我と違って、疲れは目に見えません。だからこそ「まだできる」「これくらい平気」とつい無理をしてしまう人は多いですから、「疲れたら休んでいいし、休んだほうがいいし、むしろ休まなきゃいけない」ということを定期的に思い出してみてくださいね。

2つ目は、疲れてしまう原因を減らすこと。

疲れてしまうのは、あなたの努力不足のせいではありません。

むしろ逆です。努力しすぎているからこそ、疲れを感じるのです。

もちろん、気合いの問題でもありません。

気合いで疲れを一時的にごまかすことはできても、体や心の疲れを取り去ることは不可能です。もし仮に気合いで疲れをごまかしてしまったら、それこそ後になって一度に疲労が押し寄せてきて大変なことになってしまいます。

「何もしていないのに疲れる」とおっしゃる方もいますが、実際にはいろいろなことをしているというケースは珍しくありません。

何もしていないと思っているだけで、洗濯をしたり掃除をしたり買い物に行ったり、誰かの話を聞いてあげていたりと行動していることがあります。自分にとって当たり前になっている作業は「している」という意識が向きにくいものですが、毎日やることだとしても、自分がやらなきゃいけないことだとしても、それは「何かしている」と胸を張っていいのです。

やってあたり前のことはありません。何かしているから、ちゃんと疲れが出ているのですよ。

中には「私は本当に何もしてない。ほとんど動いてもいない」という方もいらっしゃいます。

でも、何かについて思い悩むだけでも体力を使うもの。悩み事があったり、嫌な過去を思い出すような状況では、思考がフル稼働状態です。そもそも「私は何もしていない」と感じていることそのものが、大きなストレスとなっている可能性もあります。

疲れてしまう自分を責めてしまう人は多いですが、疲れてしまうあなたが悪いのではなく、疲れるようなことが現実に起こっているのです。さらには体を動かしていないとしても、疲れることも十分にあり得ます。

あなたを疲れさせているのが過去の出来事なら第3章が、あなたを疲れさせているのが今の出来事なら第4章がお役に立てるはずです。

疲れない自分を目指すよりも、疲れてしまう原因そのものを減らしてみませんか？

幸せはつくれる

「自分は一生幸せになれないのではないか」と思うことがあるかもしれません。
何を試しても幸せに近づけなくて、「幸せになるなんて無理なのかも」と悲しくなることもあるかもしれません。

でも、幸せはつくれます。
どんな過去があっても、どんなに苦労していても、これまでどんなに失敗続きだったとしても、何もかもがうまくいかなかったとしても、あなたは幸せになることができます。

「幸せになることができる」だなんて、私の何がわかるの？と思われる人もいるかもしれませんね。

たしかに私は、この本を手に取ってくれたひとりひとりの姿を見ることはできません。でもこれまでカウンセリングを通して何万人と接する中で、「幸せになれない人はいない」と断言できます。

幸せになってはいけない人はいません。幸せになる資格がない人というのも、もちろんいません。


では、なぜ世の中には幸せな人と、幸せではない人がいるのでしょうか。

幸せな人と幸せではない人の最も大きな違いは、「幸せはつくれる」ということを強く信じているかどうかです。


幸せが自分でつくれるということを信じている人は、誰かに幸せにしてもらうのを待つのではなく、幸せになるために自ら考えて行動することができます。幸せに見える人たちというのは、自分の幸せをつくることができるのは「自分だ」ということを知っている人たちです。

この本のタイトルを『誰かに幸せにしてもらう方法』ではなく『がんばりすぎて疲れたあなたが自分の幸せをつくる本』としているのは、第4章でもお伝えしているように幸せの形がひとりひとり違うからなのです。

たとえばあなたにとっての幸せが大切な人と2人で過ごす時間、その人にとっての幸せは1人の時間を邪魔されることなく自由に楽しむことだとしましょう。

その人があなたも自分と同じく「1人の時間があることが幸せなのだ」と誤解していれば、あなたのためを思って1人の時間をどんどん与えてくれるかもしれません。

でもこの場合、1人の時間はあなたが求めている幸せとは真逆です。これでは幸せを実感するどころか、大切にされていないと感じてしまうかもしれません。

このように、相手が思う幸せとあなたが思う幸せが違えば、どれだけ相手があなたを幸せにしようと思っても空回りしてしまいます。幸せになれるどころか、それとは真逆に働いてしまうことも珍しくありません。

誰かに幸せにしてもらうのがダメだというのではありません。

誰かからもらえる幸せも、たくさんあります。

でも、あなたが自分の幸せを自覚できていないと、先ほどの例のように「誰かの幸せ」に無理して合わせ続けなくてはいけません。

だからこそ「幸せは自分でつくれる」という意識を持っておくことが、自分らしい幸せを手に入れるためには欠かせないのです。

さらには「自分が幸せになっていい」と思えているかどうかも重要です。

幸せはつくれるということを信じていても、「自分にはその資格がない」「私には無理だ」と思っていては目の前の幸せを掴むことができません。

「私は幸せになっていい」と口に出してみた時に、どんな気持ちになりますか？

ワクワクしたり、嬉しくなったり、なんだかスッキリするような感覚があるのなら、あなたの心は幸せになる準備ができています。

でも、「私は幸せになっていい」と口に出すことすらバカらしいと思ったり、口に出した時に違和感があったり、「私が幸せになるなんてあり得ない」と思ってしまうなら、幸せになることに何かしらの強いブレーキがかかっています。

この場合は幸せになる方法を試す前に、「幸せになっていい」ということを信じることから始めてください。そうでなければ、いざ幸せが手に入った時に罪悪感が出てきてしまうことがあるからです。


目の前に、あなたの大好きな食べ物が並んでいる様子をイメージしてみてください。「好きなだけ食べていいよ！　これはあなたのためにつくったものだから」と言われれば、喜んで食べることができますよね。（ダイエット中の方も、カロリーを気にせず食べれるとしたら……と仮定して考えてみてくださいね）

それでは、「これは他の人のためにつくったものだから、見てもいいけれど食べないでね」と言われたら、どうでしょうか？

大好きな食べ物が目の前に並んでいるのに、それを我慢しなければいけない状態というのはなかなかつらいもの。1時間や数日なら耐えられても、これが一生となるとつらいものです。

あまりに美味しそうで我慢できずに食べてしまった時には、「あぁ美味しい！」という感動よりも、「食べてしまった」「バレたらどうしよう」という罪悪感や不安のほうが大きいのではと思います。

「幸せになっていい」と自分に許可を出すことは、「目の前の大好きな食べ物を好きなだけ食べていいよ！」と言われた時と同じような効果をもたらします。

幸せは目の前にあって、自分は幸せになる選択をしてもいいのだと思うことができます。何が幸せかを選ぶのは、自分自身だということを自覚できている状態です。

「幸せになっていい」と思えない状態というのは、「目の前の大好きな食べ物を見ていてもいいが、食べてはいけない」と言われるのと同じ効果をもたらします。

「幸せ」というものは確かにこの世に存在するけれど、それは他の誰かのためのもので、自分は得ることができないと思い込んでいる状態です。

この状態のまま幸せになるための方法を試したとしても、なかなかうまくいきません。幸せになったはずなのになぜかモヤモヤしたり、うまくいっているのに不安になったり、幸せが手に入りそうな時に限って怖くなってしまうこともあります。

これこそが自分が幸せになることを許可できていないことの弊害なのです。

食べ物を我慢できずに勝手に食べてしまった時と同じで、自分のものではないものを勝手に食べてしまったかのような罪悪感に包まれてしまいます。

ここから先の章ではあなたにとっての幸せが何なのかということ、さらにはどうやって幸せをつくっていくかについて詳しくお話ししていきます。

あなたらしい幸せの形を手に入れるためにも、「幸せはつくれる」「幸せになってもいい」というこの2点について信じた上で読んでみてくださいね。

もちろん、今すぐ納得できなくていいし、まだ実感が持てなくても大丈夫。

「そうなのかもなぁ」「そんな考え方もあるんだなぁ」くらいに軽く捉えておきましょう。

自分の心が拒否した状態では幸せが遠ざかる一方です。幸せになりたいと思えるあなただからこそ、「とりあえず否定しない」ことから始めてみてくださいね。

あなたは幸せになっていい！

第2章

ありのままの自分で生きる

みんな自分らしく生きていい

・男なのだから、女なのだから
・独身なのだから、結婚したのだから
・社会人なのだから、働いていないのだから
・もう社会人○年目なのだから、新入社員なのだから

このような世の中のレッテルに苦しむ人が増えています。「○○だから」というレッテルは、「○○らしさ」を勝手につくり出し、「○○らしくないことはしてはいけない」というふうに強烈に働きかけます。女だから女らしくしないといけない、女らしくないことはしてはいけないというように、「○○だから」というレッテルはあなたの選択や行動を狭めてしまいます。

たとえば泣くのは赤ちゃんの仕事といいますが、悲しい時や悔しい時には大人も泣いていいです。涙の中には苦痛を和らげるエンドルフィンというホルモンが含まれていますから、泣けるならどんどん泣いたほうがいいのです。そのほうがつらさも悲しみも、早く解消することができます。

でも、「男だから」「大人だから」というレッテルを貼られてしまうと泣けなくなってしまうことがあります。「男らしくないから」「大人のすることではないから」という思考が出てくると泣くことがまるで悪いことのように感じたり、周囲の目が気になって泣くことにブレーキがかかってしまうのです。

さらにはこのレッテルがあまりに強すぎると、泣きたいと思う気持ちにさえ気づかなかったり、そもそも泣きたいとさえ思わなくなってしまうのです。

泣きたい気持ちをあまりに強く抑え込んでしまった場合、その代わりに怒りや混乱といった「偽物」の感情が出てくるようになります。

たとえば、本当は傷ついているのに「なんでこんなことになってしまったの？」と混乱したり、本当は泣きたいのに「あの人はおかしい！」というように、怒りが出たり……。

厄介なのは、偽物の感情はどれだけ発散してもスッキリしないことです。

例えるなら「ダイエット中だから」と大好きなケーキを食べるのを我慢して、仕方なくカロリーの低いこんにゃくや豆腐を食べるようなもの。お腹は満たされても、心は満たされません。それどころか、我慢に我慢が重なって、結局ドカ食いしてしまった……という経験をした人もいるのではないでしょうか。

幸せに生きるためには、自分の本当の気持ちを大切にすることです。

そのために必要なのが、自分らしく生きること。世の中や誰かがあなたに貼ったレッテルを剝《は》がして、自分らしく生きていくことなのです。

自分に貼られたレッテルで最も強力なものは、子どもの頃から今までの間で「親に言われた言葉」です。

たとえば「あなたは掃除ができない」と言われれば、自分は掃除ができないと本気で思い込みます。言われた当時の年齢では、うまく片づけできなくても仕方なかったり、そもそもどう片づければいいか教えてもらっていなかっただけの可能性もあるのですが、それでも「できない」というレッテルは強烈に貼り付いてしまいます。

その結果、大人になって人並みに掃除ができるようになっても、周囲から見て片づけができているように見えても、なんとなく苦手意識が残ってしまうことがあります。

さらには「あなたは掃除ができない＝掃除できなきゃダメ」と頭の中で変換されてしまうと、部屋の片づけや掃除をしなければいけないと必要以上に追い立てられてしまいます。

すると育児や介護、仕事であまりに忙しい時でさえ、片づけができない自分を責めてしまいがちです。片づけに割く時間や体力がないほど仕事や育児をがんばったのに、そんな自分を「がんばった」と褒めるのではなく、「なぜ片づけができないのだ」と責めてしまいます。

でも「あなたは掃除ができない」が親に貼られたレッテルだと気づけば、大人になったあなたが自分でレッテルを外すことができます。

本当に掃除がそこまでできていないのか、そもそも掃除ができなければダメなのか、掃除以外のことをちゃんとがんばれているのではないかと、色眼鏡を外して自分自身を見てあげることができます。

誰かが貼ったレッテルを外す第一歩は、自分自身でレッテルを剥がすと強く決意することです。

さて。

今あなたには、どのようなレッテルが貼られていると思いますか?

「○○できない」レッテルを剥がす場合は、レッテルに反論します。

この時の注意点は「○○できる」ではなく、「○○できなくてもいい」と反論すること。「○○できる」というふうに反論してしまうと、「○○をしなきゃいけない」というレッテルが新たにつくられてしまうことがあるからです。

「掃除ができない」の場合には、「掃除ができなくたっていい」という具合に反論しましょう。

「私は掃除ができている！」というふうに反論すると、「掃除ができない自分」というレッテルは剥がれますが、「掃除をしなければいけない」というレッテルは残ったままになってしまうので気をつけてくださいね。

誰かの価値観による「〇〇なのだから」レッテルを剥がす場合は、「それはあなたの価値観だ」「だったら何？」と心の中で跳ね返します。

「〇〇なのだから」というレッテルはもっともらしい理由付きのことが多いため、相手の言っていることに納得できてしまうこともあるかもしれません。自分が間違っているように思えたり、相手の言っていることが正しいかのように感じてしまうこともあるでしょう。

そんな時には、「だけど、自分はそのような生き方をしたいのか？」と自問自答してください。誰かの価値観を受け入れるということは、その人の考えや行動を取り入れることです。

つまりあなたが尊敬できないような相手の言うことなら、どれだけ正しそうなことを言っていたとしても受け入れる必要はありません。「この人のような生き方はしたくない」「このレッテルはもういらない！」と強く思うところから始めてみてくださいね。

一番苦労するのは、誰かの貼ったレッテルが長い年月を経て、「私は○○」「○○らしく」というレッテルに変わってしまった場合です。あまりに長い間そのレッテルを貼られたせいで、誰かの価値観や考え方がまるで自分のもののようにインストールされてしまうのです。

このような長い年月を経た自分のレッテルに気づくには、次の2つの質問が有効です。

この質問に対して出てきた言葉が、あなたを苦しめているレッテルの可能性大です。

・1つ目。
何か行動しようとした時に、あなたにブレーキをかけるのはどのような言葉でしょうか？

・2つ目。
反対に「何かしなきゃ」「やらなきゃ」とあなたを焦らすのは、どのような言葉でしょうか？

自分らしく生きるためにはまず、自分を苦しめているレッテルを外すこと。
そのためにもまずは、どんなレッテルが貼られているのかを探してみてくださいね。

そのレッテル、
今のあなたには
もう必要ないのかも

つい自分を責めていませんか？

あなたが今、学生だとしましょう。あなたは定期テストに備えて、大好きなゲームも漫画も我慢して100点を取るべく一生懸命勉強しました。でも結果は、1つミスをして95点でした。

さて。この時あなたは、自分自身に対してどんな思いが出ますか？

「100点ではなかったけど、95点は取れた」「ゲームも漫画も我慢してよくがんばった！」と自分の努力を肯定できる人もいれば、「なんであと5点が取れないんだ」「こういうところでミスするのが私のダメなところだ」と落ち込む人もいます。

このように、結果をどう受け止めるかは人それぞれ違います。

このようなお話をしたのは、結果に落ち込むことがダメだと伝えるためではありません。

落ち込むことは誰にでもあるし、結果に落ち込んでもいいけれど、その代わりに「自分のがんばった部分」は肯定したほうが良いということをお伝えしたかったのです。

ミスをした自分を許せなかったり、目標を達成できなくて悔しくてしょうがない人もいると思います。でもだからこそ、がんばりの部分は肯定してほしいのです。

結果が出なくてただでさえ落ち込んでいる時に、がんばったことさえ否定されてしまうと、「またがんばろうかな」「次こそは」という気持ちさえ起こらなくなってしまいます。

でも、「がんばったね」とこれまでの過程を肯定されれば、「またがんばってみようかな」「今回はたまたま結果が出なかっただけだ」と前向きに捉えられます。自分が努力したことは無駄にならないと思えます。

つい自分を責めてしまう人というのは、自分に厳しくなりがちです。厳しさがモチベーションにつながることもありますが、厳しさも度が過ぎると自分への意地悪な言葉になってしまいます。

自分を責めてしまうという自覚がある場合は、意識的に「自分を他人に置き換えて」考えるといいですよ。

先ほどのたとえなら、一生懸命テスト勉強をして100点を目指したけれど、1つミスをして結果は95点で落ち込んでいる親友になんと声をかけるかという具合です。出来事の主人公を自分ではなく、他人に置き換えて考えます。

この場合に、「なんであと5点が取れないんだ」「努力が足りない」と落ち込んだ親友を責める人は、まずいないのではと思います。95点取れたことを褒めたり、努力を認めたり、悔しい気持ちに共感するなどして、なんとかして親友の気持ちに寄り添おうとするのではないでしょうか。

親友には言えないことを自分に言えてしまう。

これこそが、自分を責めることが癖になっていることを知る1つのサインです。

自分を責めるのが当たり前になっていると、「自分を責めている」ということにさえ気づけないことがあります。

自分を責める傾向があるかどうかを知るためには、日頃自分に対して思うことや自分にかける言葉について、大切な人にも同じことを言えるのかどうか考えてみてください。「大切な人にはとてもじゃないけど言えないなぁ」と思うなら、自分に厳しくなりすぎている可能性大です。

厳しいことばかり言うような人に苦手意識を持つ人が多いように、自分に厳しいことばかり言っていると、それこそ自分のことが嫌いになってしまいます。

そうまでして自分にだけ厳しくしないで大丈夫ですよ。幸せになりたいと思う人こそ、自分に厳しくすることをお休みしてみましょう。

「あなたのまま」で大丈夫

あなたは、今の自分が好きですか？
ありのままの自分でいいと思えますか？

長年のカウンセラーとしての経験上、この質問に対して「はい」と自信を持って答えられる人はごくわずかです。

今の自分を好きどころか「今の自分が嫌い」という人、ありのままの自分でいいどころか「自分を変えたい。変えなきゃ」と感じている人が圧倒的に多いと感じています。

勘違いされやすいのですが、「ありのままの自分を認めること＝今の自分を好きになること」ではありません。

ありのままの自分を認めるというのは、自分の気持ちや考えを否定せず認めるということ。

つまり、「今の自分が好きではない」「ありのままの自分でいいと思えない」というそのままの気持ちを認めることが、ありのままの自分を認めることにつながるのです。

もちろん「今の私が好き」と心から思えるならそれに越したことはありませんが、自分の気持ちに嘘をついてまで「今の私が好き」と無理やり思い込むことはおすすめしません。

嘘をついてごまかせているその時は良くても、あとで深く傷つくからです。

大切な人に嘘をつかれていたと知ったら、傷つきますよね。

「どうして教えてくれなかったの!?」と怒りが出たり、「信じていたのに」と悲しくなることもあるかもしれません。

実は、自分の心に嘘をつくことも、同じように自分の心を傷つけてしまうのです。自分を信じられなくなったり、自分が嫌になってしまうこともあります。

自分を好きになれないと幸せになれない、ということはありません。幸せになるために一番大切なのは、どんな自分も否定しないことですから。

だから、自分を好きになれなくても大丈夫。その代わりに、自分を否定することをやめていきましょう。

自分を否定しないことの積み重ねが自分を認めることにつながり、自分を認めることが「ありのままの自分でいい」につながっていきます。

そしてふと気がついた時には、「今のままの私でいいかも！」と思えるようになります。

自己否定をキッパリやめられることができると、早ければ数週間で変化が出てきます。朝スッキリ起きられたり、人の顔色がそこまで気にならなくなったり、心から笑う回数が増えたりと、心や体調に良い変化が現れます。

自己否定をキッパリやめるとまでいかなくても、自己否定する回数が減るだけで疲れにくくなるのを実感できるはずです。

「今はまだそう思えないけれど、どの段階でそう感じるのかな？」「どんないい変化が出るのだろう？」「ありのままの自分でいいと思えたら、毎日はどんなふうになるのかな」と、自分で自分を観察してみてくださいね。

「今のままでいい」と思えない状況でさえ否定しないことが、幸せになるための秘訣です。

好きになれない「自分」が
あっても、大丈夫

自分が自分の味方になろう

つらい時こそ笑顔で乗り越えようとしたり、もう限界なのに「助けて」が言えなかったり、「自分よりもっとつらい人がいる」とギリギリまで我慢してしまうことがあるかもしれません。信頼できる人や頼れる人がいなくて、そんな自分が嫌になってしまうこともあるかもしれません。

「誰にも自分の苦しみはわかってもらえないのではないか」と孤独や不安を感じることもあるでしょう。

そんな時に思い出してほしいのが、「自分は自分の最強の味方になれる」ということです。

つらい時も、悲しい時も、傷ついた時も、ずっと一緒にいたのは自分。無理して笑っていたことも、どれだけ悩んでどれだけがんばってきたのかも、誰にも話せない苦しみを知っているのも自分自身です。

誰もわかってくれないという底知れない不安を誰よりも理解できるのは、他の誰でもなくあなた自身なのです。

この章では自分のことを好きになれなくても幸せになれること、自分を否定しないことがありのままの自分で生きることにつながることをお伝えしていますが、自分が自分の味方になることができれば毎日がさらに心強いものとなっていきます。

言葉も通じないような異国の地に、ポンッと放り出されたら不安になりますよね。何をするにも自分で乗り越えなければならず、頼る人もいないという状態に心細さを感じるはずです。

でももしその場所に、あなたと同じ言語（日本語）を話す人や、あなたをよく知る人が現れたらどうでしょうか？　ものすごく心強くありませんか？

ひとりではない、自分のことをわかってくれるかもしれない誰かがいるというのは、それだけでとても心強いことなのです。

敵と味方、その違いはなんだと思いますか？

どんな人があなたの敵で、どんな人があなたの味方だと感じますか？

なぜこのような質問をしたかというと、人それぞれ敵と味方の基準が違うからなのです。

自分の行動を後押ししてほしいと思う人もいれば、行動を干渉されたくない人もいます。自分の気持ちを共有したい人もいれば、そうではない人もいます。何かあった時に助言が欲しいと思う人もいれば、自分の気持ちをそのまま肯定してほしいと思う人までさまざまです。

助言が欲しい人にとってアドバイスをくれる人は「味方」、黙って見守るだけの人は「敵」と感じるかもしれません。それとは反対に自分の気持ちをそのまま肯定してほしい人にとってアドバイスをくれる人は「敵」、黙って見守ってくれる人は「味方」と感じるかもしれません。

幸せになるために増やすべきは、味方です。だからこそあなた自身が「どんな人を味方にしたいのか」を知っておく必要があるのです。

自分が自分の味方になるためにも、「どんな味方がいれば心強いのか」について考えてみてくださいね。そして、その味方に求めることを自分自身にしていきましょう。

味方にしてほしいことがわからないという場合は、「敵にされたら嫌なこと」を考えてみてください。この場合は、敵にされたら嫌なことを自分にしないことから始めます。嫌なことを減らしていくうちに「こうしてくれたらいいのになぁ」という、味方に求める気持ちが出てきますよ。

あなたなら、世の中の誰よりも「あなたの味方」になれるはずです。

つらい時も、悲しい時も、
傷ついた時も……
ずっと一緒にいたのは
「自分」だから

第3章

幸せになるために。悩み、苦しみの手放し方

この章は、いろんな悩みについての問いかけから始まります。
ご自分の心に問いかけてみてくださいね。

あなたが言いたくても
言えないのは、
どんな本音ですか？
その人はあなたの本音を
我慢しなければいけないほど
大切な相手ですか？

自分の本音が言えない

自分の本音が言えない、と悩む人が増えています。
がんばればある程度できてしまう人の場合は、「助けてほしい」が言えずに1人で抱え込みすぎてしまったり、「できません」が言えずにキャパオーバーになってヘトヘトに疲れてしまうこともあります。

相手の反応が気になりすぎる人の場合は、とっさに相手がどう思うかを最優先に考えて行動するため、自分の気持ちが後回しになってしまいがち。知らず知らずのうちに我慢が増えてストレスが溜まったり、家に帰ってから「ああ言えばよかった」と後悔することも珍しくありません。

自分の気持ちを出すのが苦手な人の場合は、「嬉しい」「嫌」「好き」「やめて」「そばにいてほしい」など、素直な気持ちが伝えられずに悩むこともあるかもしれませんね。

このように言いたいことがあるのに我慢したり、本音を抑えてその代わりに思ってもいないことを言うことは、想像以上に大きなストレスがかかります。

あなたが言いたい本音は、何でしょうか？

自分の考えや意見ですか？　それとも自分の気持ちでしょうか？

現実面で何かをお願いしたり、断ったりできないことに悩んでいますか？

まずは自分自身の本音について考えてみましょう。

どんな本音が言えないと悩んでいるのかを知ることは、本音を言えるようになるための第一歩です。

でも実は、本当に本音が言えないという人は、ほんの一握り。本音が言えないと悩んでいる人の大半は、本音を言わないことを選択していることが多いのです。

たとえば「本音を言ったら嫌われてしまうのではないか」「本音を言ったら相手が離れていくのではないか」という不安や恐怖、「本音を言うと自分に不利に働くのでは？」など状況をみて判断した結果、本音を言わないことを選んでいることもあります。

だからこそ、本音を言えるようにがんばる前に1つ、考えてみてほしいことがあります。

それは、本音をどうしても言いたいのかということです。

もしかすると「本音を言えたほうがいい」という世の中の風潮に、何かしらの影響を受けてしまっていないでしょうか？　あなた自身はそうまでして本音を言いたいわけではないのに、「我慢せず本音を言うべきだ」という世の中のプレッシャーに押しつぶされていないでしょうか？

なぜこのようなことをお伝えしたかと言うと、本音を言えなくても特に大きな問題はないからなのです。本音を言えるのが良くて、本音を言えないのが悪いということはありません。本書のテーマでもある「幸せ」についていえば、本音を言えなくても幸せになれるし、本音を言ったからといって幸せになるとは限りません。

大切なのは、あなたが本音を言いたいのかどうかです。

本音を言うメリットとデメリットを考えてみた時に「別に本音は言えなくてもいい」「そうまでして言えなくてもいいかも」と感じるなら、それはそれでいいのです。

この場合は「本音を言えない」ではなく、「本音を言わないことを選んだ」と考えることをおすすめします。本音を言わないという現実は同じなのですが、「できない」と捉えるのと「しない」と捉えるのとでは精神的な負担が全然違うからです。「しない」と思うだけで、本音を言わないことのストレスはかなり軽減されます。「できないのではなく、しないのだ」と自分で納得することができるので、できない自分を責めることも減ります。

「やっぱり本音が言いたい。でも言えない……」と思う時には、次のように自問自答してみてくださいね。

「その人は、私が本音を我慢しなければいけないほど大切な相手だろうか？」「自分ばかり我慢していないだろうか？」と。

よくよく考えてみたら、あなただけがそこまで本音を我慢しなくても良い相手かも、と気づくこともありますから。

「本音を言わなきゃ」「本音を言っちゃいけない」などとルールを無理に一本化すると大変ですから、相手を見て本音を言うかどうかを考えたり、誰にどこまで本音を言うか工夫してみるのも良いかもしれませんね。

それは本当に
あなただけのせいですか？
あなたのせいでは
ないとしたら、
どんな原因が考えられますか？

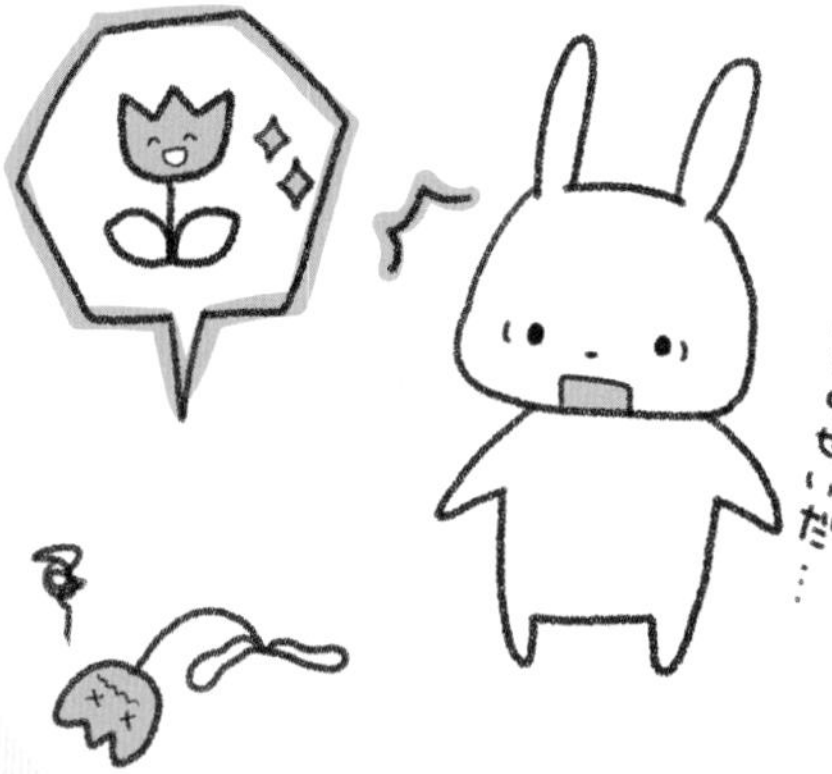

すぐに自己嫌悪になる

何かあった時にすぐ自己嫌悪になる人は「自分が悪いからだ」「自分がもっと気をつけていれば」と考えがちです。でも自己嫌悪になるからといって、必ずしもあなたが悪いとは限りません。あなたが悪いことをしていなくても、相手に非があるとしても、自己嫌悪になることは十分にあり得るのです。

次のような場面を想像してみてください。

AさんとBさんが、カフェで楽しく話をしています。

そこに、水の入ったグラスを持った店員さんがやってきました。テーブルの上にはまだお皿がたくさん残っていたので、店員さんはグラスをテーブルの端のところに2つ置いていきました。

すると突然、Aさんが大きなくしゃみをしました。驚いたBさんは、自分の肘でグラスを倒して水をこぼしてしまいました。

さて。水がこぼれたのは、誰のせいでしょうか？　店員さんがテーブルの端にグラスを置いたせいでしょうか？　Aさんが突然に大きなくしゃみをしたからでしょうか？　それとも、Bさんが肘をぶつけたせいでしょうか？

……いろいろな見解はあるかもしれませんが、状況を見て冷静に判断するならば「誰か1人だけのせいではない」というのが答えです。グラスが倒れて水がこぼれたのは、いろいろな状況が複雑に絡み合っての結果だからです。

このようなケースにおいて、自己嫌悪になるとどのような思考に陥りやすいのかを店員さん、Aさん、Bさん、それぞれの視点から見てみましょう。

【店員さんの視点】

「私がテーブルの端にグラスを置いたから水がこぼれてしまった。私がテーブルの真ん中にグラスを置けば、グラスが倒れることはなかった」と落ち込むかもしれません。

ですが、店員さんがグラスを端に置いたのには「テーブルの上にお皿がたくさん残っていたから」という理由がちゃんとあります。さらにはBさんがグラスを倒したのは、くしゃみに驚いたから。つまり、店員さんだけの責任ではありません。

【Aさんの視点】

「私が突然大きなくしゃみをしたから、Bさんを驚かせてしまった。だから私のせいで、Bさんはグラスを倒してしまった」と自分を責めてしまうかもしれません。

ですが、くしゃみは生理現象ですし、驚いたからといって必ずグラスを倒すとは限りません。グラスがテーブルの真ん中にあれば、Aさんがくしゃみをしたとしてもグラスを倒すことはなかったかもしれません。つまり、Aさんだけの責任ではありません。

【Bさんの視点】

「私がグラスに肘をぶつけたせいでグラスが倒れて、その場にいるみんなに迷惑をかけてしまった」と考えるかもしれません。

ですが、グラスが端にあったこと、さらにはAさんのくしゃみに驚いて手が当たってしまったことなど予知できないことが重なっています。「こぼしたのは自分」という事実だけがクローズアップされていますが、Bさんだけの責任ではありません。

……いかがでしょうか。

すぐに自己嫌悪に陥る人というのは、このように自分側の責任を実際の数倍大きく捉えています。自分側の責任が10％しかない時でさえ、ほぼ100％自分が悪いかのように捉えてしまいがちなのです。

でも現実には、あなただけが悪いことは滅多にありません。先ほどのカフェの例のように、いろいろな原因が重なっていることがほとんどです。

自己嫌悪になるのがいけない、ということではありませんよ。

自分側の原因を考えられるあなただからこそ、人として成長できた部分もあるはずです。それにまったく自己嫌悪にならないというのも、それはそれで厄介です。それこそ何でもかんでも全て人のせいにしてしまっていたら、人間関係はうまくいきません。

ですが、自己嫌悪になってばかりだとしんどくなってしまいますよね。
そんな時には「もし自分のせいではないとしたら？」と考えてみてくださいね。
「自分以外の原因はないだろうか？」と探すことで、実はあなたのせいではないことがたくさん見つかります。

この「自分のせいではないとしたら？」という自問自答が、自己嫌悪から抜け出す大きな一歩になるはずです。

過去のつらいことを
思い出した時に、
悲しくなりますか？
怒りが出ますか？
苦しくなりますか？
それとも混乱したり、
何も考えられなくなりますか？

過去のつらいことを思い出す

過去のつらいことを思い出した時、どんな気持ちになりますか？
「悲しいに決まってるでしょ」「怒りが出るに決まってるだろう」と思われるかもしれませんが、同じつらい出来事を経験したとしてもみんなが同じ気持ちになるわけではありません。過去を思い出した時に悲しくなる人もいれば、怒りが出る人もいます。

次のような場面をイメージしてみてください。

友達とカフェで待ち合わせをしたのに、待ち合わせの時間になってもやってくる気配がありません。約束の時間を10分過ぎてから連絡をしてみたところ、相手はすっかり忘れていたようで「本当にごめん！　今日は行けない」と言われてしまいました。

さて、あなたはどのような気持ちになりましたか？

この時に「約束を破るなんて最低だ！」と怒りが出やすい人もいれば、「バカにされているのでは？」と相手への不信感が募る人がいます。

「私が何かしたのかしら？」と不安になる人もいれば、「約束を忘れるなんて私のことなんてどうでもいいのかな」と悲しくなったり、「最初から約束なんてしなければよかった」と立ち直れないほど落ち込んだり、状況が飲み込めず混乱してしまう人もいます。

このように同じ状況を経験したとしても、どのような気持ちが出てくるかは人によって違います。このような違いが出るのは、自分の中で出していいと思えている感情、もしくは子どもの頃から馴染みのある感情が「人によって違う」からなのです。

多くの場合、身近な大人、特に親とのやりとりを通して「出していい感情（よく出る感情）」と「出さないほうがいい感情」を子どもの頃に選択しています。

親が褒めたり認めてくれたり、自分の意見を通しやすいものが「出していい感情」となり、反対に親が怒ったり不機嫌になるようなものは「出さないほうがいい感情」として認識されやすいです。

たとえば、泣いたり甘えたりした時に親が言うことを聞いてくれた経験がある場合は、「悲しみ」「甘え」は出していい感情となります。

でも反対に、泣いたり甘えたりした時に親からひどく怒られた経験が強く残っていると、「悲しみ」「甘え」は出さないほうがいい感情としてインプットされます。悲しみと甘えが封じられてしまうので、その代わりとして「怒り」「混乱」といった別の感情を使うようになることもあります。

このように、子どもなりに「どの感情なら親に通用しそうか」「どの感情なら出してもいいのか」「どの感情なら傷つかずに済むか」を試し続けた結果が、大人になった時にどのような感情が出やすいかにつながるというわけです。

ですがここでお伝えしたいのは、どの感情を使うのが良くて、どの感情を使うのが悪いということではありません。

今回このようなお話をしたのは、自分はどんな感情が出やすいのかをあなた自身が知るためなのです。

だから、「自分の中に出てくる感情を変えなければ」なんて思わなくて大丈夫。どの感情も出てきていいし、どの感情を使ってもかまいません。今あなたが感じている感情は、そのままでいいのです。

ただしつらい過去を繰り返し思い出す場合には、自分の本当の気持ちに気がつけていない可能性があります。「出していい感情」「よく出てくる感情」が、必ずしも自分の本当の気持ちとは限らないからです。

たとえば過去を思い出した時に「私なんてどうせ……」「嫌われたのかな」と悲しくなっているけれど、実際には「なんて失礼な人なんだ！」「もう嫌い！」という怒りを感じていることもあります。怒りがダメなものだと思っていると、怒りの代わりに悲しみや混乱を使って「本当の気持ち」を覆い隠してしまうことがあるのです。

繰り返し思い出すつらい記憶があるなら、何か別の感情が隠れていないかどうかを探してみてください。出していいと思っている感情と、真逆の感情が隠れていることがありますから。

怒るのはダメなことだと思っている場合は怒りが、弱い自分はダメだと思っている場合は悲しみが隠れているかもしれません。いろいろな感情を抑えている場合は混乱することもあります。

嫌な過去を消すことはできないけれど、嫌な過去の影響を減らすことはできます。自分の本当の気持ちを認識すると、嫌な記憶を思い出す頻度はぐっと減り、今ほど思い悩むことがなくなります。もし思い出したとしても、今ほど感情が揺れ動くことがなくなるので疲れにくくなりますよ。

失敗したくない理由は
なんでしょうか？
失敗するのが怖いですか？
恥ずかしいですか？
悔しいですか？
それとも失敗しては
いけないと思いますか？

自分は失敗するんじゃないかと思って何もできない

途中でやめれば失敗に思えるようなことも、失敗を重ねていくうちに成功につながることがあります。縄跳びの二重跳びも、跳び箱も、逆上がりも、たった1回で成功できる人がいないように、失敗と練習を繰り返しながら成功できるようになっていきます。

だから失敗するのは、ダメなことではありません。

ですが失敗への不安や恐怖があまりに強い場合は、行動することそのものにブレーキがかかってしまいます。この「失敗するのでは……」という思いを作り出すきっかけになりやすいのが、幼少期の記憶です。

失敗するとひどく怒られた記憶がある場合は、「失敗してはいけない」という思いが強くなります。

子どもにとって大人から怒られるのは何より怖いことですから、失敗するのはダメなことで、失敗すると怖いことが起こるとインプットされてしまうのです。怒られる恐怖が大きければ大きいほど、何かしようとした時に身動きが取れなくなります。

そのほか「あなたには無理」「どうせできない」「あなたにできるの？」というようように自分の能力を否定されたように感じた経験が多い場合は、自分が成功するイメージが持てません。うまくいった時の良いイメージが持てず、その代わりに失敗した時の悪いイメージばかりが膨らみます。

絶対に美味しくないと知っているレストランにわざわざ入りたくないのと同じで、「うまくいくわけがない」と思っていると挑戦する気持ちさえ起きなくなってしまうのです。

このように、失敗するんじゃないかと思って何もできない理由は、人それぞれ違います。

だからこそ何もできない状態から抜け出すために必要なのは、自分が失敗したくない理由を知り、その不安を消すための対処法を考えることです。

さて。

あなたが失敗したくない理由は、なんでしょうか？
失敗したら、何が起こりそうですか？

あなたが行動できない理由は、この答えに隠されています。

たとえば失敗したくない理由が「できない奴だと思われたくない」なのだとしたら、万が一失敗した時にどうリカバリーするか考えておくといいでしょう。このように失敗しないための方法だけを考えるのではなく、失敗した時にどうするかをあらかじめ考えておくことで、万が一失敗した時のダメージを最小限に抑えることができます。

失敗したら起こりそうなことの対処法を考えることができれば、一歩踏み出せる確率はぐっと上がります。

……なのですが、1つ考えてみてほしいことがあります。

それは、あなたが今そうまでして「それをしなければいけないのか」ということです。

あなたは本当に今、それをしたいと思っていますか？

もしかすると、「それをしなきゃいけない」と自分で自分を追い込んでしまっていませんか？


なぜこのような質問をしたかというと、世間一般の「やるべき」に苦しめられている人があまりに多いからなのです。

趣味を楽しんでいる人を見て「私には趣味がない。このままでいいのだろうか？」と不安になったり、自己啓発書を読んで「このままではいけない。成長しなければ」と焦ったり、自分らしく生きる人が輝いて見えた時に自分の人生が虚しく思えたり、「私も変わらなければ」と焦燥感に駆られることもあります。


ですが冷静になって考えてみた時に、今あなたが「できない」と思っていることは実は、あなたにとってそこまで重要ではなかったり、そうまでしてがんばらなくていいことである可能性はないでしょうか。

きっとあなたは、これまで絶対にやらなければいけないことはやってきたはずです。失敗が怖くても、本音ではやりたくなかったとしても、仕方なくだとしても、どうしてもやらなきゃいけない場面では行動してきたのではと思います。

これまでの人生でただの一度も行動してこなかった人なら、「失敗するんじゃないかと思って何もできない」という悩みは抱えられませんから。

だからこそ、そうまでして何かしなきゃいけないのか、世間の風潮に苦しめられていないだろうかと考えてみてくださいね。

何がなんでも「しなきゃいけない」なんてことは、ありませんから。

ずっと心に残っているのは、
良くないことだと
思いますか？
今も思い出す
その嫌な一言に、
頭の中で反論できますか？

人に言われた嫌な一言がずっと心に残っている

「嫌な一言が今もまだ忘れられない」と自分を責めてしまったり、そんな自分に落ち込むことがあるかもしれませんね。

でもそれは、人としてとても自然な反応なのですよ。

たとえば素敵な人と仲良くなったという「良い記憶」と、怖い人に連れ去られそうになったという「嫌な記憶」では、後者のほうが強く記憶に残りやすいことがわかっています。人の本能として命を守るために、良いことや楽しいことよりも、嫌なことや危険なことのほうが記憶に残りやすくなっているからです。

とはいえ、忘れられないのが自然なことだからといって「諦めましょう」「気にしないでおきましょう」とお伝えするつもりはありません。
私がこのようなお話をしたのは、「忘れられないのは自然なことで、そんな自分を責める必要はない」ということをあなたに知ってもらうためなのです。

人に言われた嫌な一言が残っている人の多くは、思い出して繰り返し心が傷つくのに加えて、嫌な一言が忘れられない自分自身を責めて二重に苦しんでいます。
忘れられなくて苦しんでいるのは他の誰でもない自分自身で、忘れられたらどんなにいいだろうかと思っているはずなのに、「なんでまだ忘れられないんだ！」と自分を責めて追い打ちをかけてしまっている状態です。
考えるだけでしんどいですよね……。

嫌な一言を頭の中から消すのは時間がかかりますが、忘れられない自分を責めるのをやめることなら今すぐ始められます。

だからこそまずは、「ずっと心に残っているのは自然なこと」「今も忘れられないほど嫌な出来事だった」と自分自身を受け止めてあげてください。今日まですっとあなたは、その一言と戦って耐えてきたのですから。

「まだ忘れられなくて当然」ということに納得できるようになったら、次は嫌な一言に頭の中で反論していきましょう。頭の中で反論することで嫌な言葉の影響が小さくなり、嫌な記憶をより早く忘れることができるからです。

次の2つの質問について、考えてみてください。

質問1：あなたは、相手の言っていることが100％正しいと感じますか？
質問2：相手の言っていることに、心から納得できますか？

これらの答えが「いいえ」なら、さっそく頭の中でどんどん反論してみましょう。100％正しいと思えない理由や納得できない部分について、頭の中で相手に意見をぶつけていきます。

これらの答えが「はい」の場合は、次のように自分に質問します。

「相手の言ったことは意地悪ではないか？」「失礼なことを言われていないか？」「わざわざ言わなくてもいいことではないか？」と自問自答してみてください。

この答えが1つでも「はい」なら、相手の言っていることが正しいとしてもそのまま受け入れる必要はありません。「失礼なことを言われたから傷ついて当然だ」「わざわざ言う必要はない」と自分を肯定したうえで、相手の言葉に反論していきましょう。

過去に言われた嫌な一言に反論する時のポイントは、「相手が言い返してこない」という前提条件をつけておくことです。言い返してこないだなんて、現実にはあり得ないとしてもです。相手が言い返す想定で頭の中で反論をすると、延々と言い争うことになって疲れてしまい、逆効果になることがありますから気をつけてください。

相手の一言に反論する目的は、相手に勝つことでもなければ、相手を言い負かすことでもありません。嫌な一言を丸ごとそのまま、自分の心に取り入れないためです。

相手の言葉に反論することで、相手が言っていることは間違っていると認識することができます。相手が言っていることの理不尽な部分、正しくない部分を冷静に判断することができれば、思い出した時に今ほど傷つかずに済みます。

もし仮に相手の言っていることが正しいと感じているとしても、だからと言って相手の言葉をそのまま取り入れる必要はありません。あなたが今も忘れられずにいるということは、その言葉に心が傷つけられたということだからです。

料理をするために欠かせない包丁も、使い方次第では凶器になります。

言葉も同じで、一見すると正しいように思えても、凶器のように鋭く心を傷つけてしまうことがあるのです。だからあなたの心を傷つけてしまうような言葉は無理に納得しようとしたり、取り入れようとしないでおきましょう。

嫌な一言を思い出した時には、一呼吸おいてから頭の中で反論してみてくださいね。

そうすることで自分なりの考えが強くなり、その代わりに嫌な一言があなたに与える影響はだんだんと弱くなっていきますよ。

「友達はいたほうがいい」
「友達をつくるべきだ」
という世間の風潮に
苦しめられていませんか？

友達と言える人がいない

友達がいてもいなくても大丈夫ですよ。

「友達と言える人がいない」「そこまで親しい友達がいない」と悩む人は多いのですが、友達がいるからといって幸せになれるとは限らないし、反対に友達がいないからといって不幸になるわけでもありません。

それどころか、友達がいることで悩みが増えることがあります。

特に人に気を遣いすぎてしまったり、人の反応が気になりすぎたりする場合には、友達との関係そのものが悩みの種になってしまうのです。

相手が顔見知り程度ならスルーできるような行動や言動だとしても、頻繁に会う友達だからこそ許せないことがあるし、よく知っている相手だからこそ気を遣ったり、関係を悪化させたくなくて自分ばかり我慢してしまうこともあります。

「人」という字は支え合ってできている……という話を見聞きしたことがあるかもしれませんが、友人関係においてはどちらか一方に負担がかかりすぎてしまうことがあります。それも優しかったり我慢強かったりするほうに、負担がかかります。

友達というのは究極のところ、比較的仲のいい他人です。傍目には仲がいい友達同士に見えても、実のところはどちらか一方がたくさん我慢してギリギリ成り立っている友人関係というのも珍しくありません。

親しい友達がいることにはメリットだけではなく、少なからずデメリットもあるということなのです。

もしあなたが今、親しい友達がいないことに悩んでいるのなら次の3点について自問自答してみてください。

・1つ目。

友達がいると、どんないいことがありますか？　あなたは何が得られそうですか？

・2つ目。
友達がいないと、どんないいことがありますか？

友達がいると、何が大変そうですか？

・3つ目。
友達ができると、あなたのストレスは減りそうですか？　増えそうですか？

自分の自由な時間が減ったり、自分が我慢することが増えたとしても、それでも友達が欲しいと思いますか？

友達が欲しいですか？　それとも友達をつくらなきゃいけないと思いますか？


いかがでしょうか。

1つ目の質問は友達ができることのメリットについて、2つ目の質問は友達ができることのデメリットについての問いです。あなたにとって友達ができることのメリットとデメリットでは、どちらのほうが多いのかを知る1つの目安になります。

3つ目の質問は、自分の本音を知るための問いです。

なぜこのような質問をしたかというと、実はそうまでして友達が必要だとは思っていない人が一定数いるからなのです。

友達をつくりたいと言いつつも、これまでの経験から友達がいるデメリットを痛感している場合には、心のどこかで「友達がいないほうが楽だ」「仲がいい友達がいるのは面倒なこともある」と思っていることもあります。

ここでお伝えしたいのは、友達をつくるのが良い・悪いということではありません。

あなた自身が友達が欲しいと心から思っているのなら、友達をつくることで楽しみが増えるはずです。友達が欲しいという自分の願いが叶うからです。

ですが「そうまでして友達がいなくてもいい」と思うなら、友達と言える人がいなくてもまったく問題ありません。むしろ「友達をつくるべきだ」という世の中の雰囲気にプレッシャーを感じ、無理して友達をつくろうとすると疲れます。
さらには「友達をつくらなきゃ」というプレッシャーがあまりに強いと、友達をつくるために行動できない自分自身も嫌になってしまいます。実は「友達がいなくてもいい」と思っているから、友達をつくることにそこまで積極的になれないだけなのに、できない自分を責めてしまいます。

まずは何としてでも友達が必要なのか、それとも「友達をつくるべき」という世の中の空気に苦しめられているのかどうかについて考えてみてくださいね。

人に言えないだけで、「友達と言える人がいない」という悩みを抱えている人は案外多いもの。
ですが友達と言える人がいなくても大丈夫だし、それは人としておかしなことではないし、友達がいるかどうかが幸せに影響するわけでもありませんので安心してくださいね。

落ち込む自分を
責めてしまっていませんか？
自分に厳しくなって
いませんか？

すぐに落ち込んでしまう

何も考えずに適当にやっていたら落ち込むことはありません。さらには自分にとってどうでもいいことなら、そこまで落ち込めません。

だから、落ち込んでもいいのですよ。落ち込むのは、何かを一生懸命にがんばった証拠。落ち込みは、がんばった人しか経験できない感情なのです。


過去に見たオリンピックを頭に思い浮かべてみてください。

目標としていたメダルが取れなかったり、思ったように力が出せなかった時に、まったく落ち込まないオリンピック選手は見たことがないのではと思います。

それは選手たちが、その日のために努力を重ねてきたからです。オリンピックという機会が、彼らにとって意味のあるものだからです。

だからもしあなたが「すぐに落ち込む」と感じるのなら、それはあなたが日々いろいろなことに向き合って、一生懸命に生きているということを意味しています。「それほどがんばっていない」と思う人もいるかもしれませんが、それでも落ち込むくらいにはがんばっているということです。

「もっとがんばっている人がいる」と思うこともあるかもしれませんが、もっとがんばっている人がいたとしても自分を認めていいのですよ。それにこのように思える時点であなたは、これまで相当努力してきたはずです。

こんなに毎日がんばっているのですから、「すぐに落ち込んでしまう」だなんて自分に追い打ちをかけないでおきましょう。そこまで自分に厳しくしないで大丈夫ですよ。

時には、まったく落ち込まないような明るい誰かと自分を比べて「なんで私は……」と、ますます落ち込むことがあるかもしれません。

でも、落ち込まないのが良くて、落ち込むのが悪いということはありません。これまでに落ち込むようなことがあったからこそ努力できたり、成長できたこともあったはずです。

「こんなことで落ち込むの？」という他人からの言葉や態度に、苦しくなってしまうこともあるかもしれません。

これも落ち込むあなたがおかしいのではなくて、その人とはがんばるポイントや気になるポイントが違っただけ。だから、堂々と落ち込んでいいです。

落ち込みすぎて自分が嫌になってしまった時には、「こんなに落ち込むほどがんばったんだ」と思い出してくださいね。

テスト前に5分だけ勉強した場合と、テスト1週間前から遊ぶのも我慢して必死に勉強した場合では、赤点を取った時の落ち込み度合いが違うように、落ち込みの大きさは努力の大きさに比例します。

引きずるほど落ち込むのは性格のせいでもなんでもなくて、それだけあなたにとって重要なことだったり、それほどあなたががんばったということです。「こんなことで落ち込むなんて」「もっとがんばっている人がいる」なんて自分に厳しくせずに、落ち込むほどがんばった自分を認めてみてくださいね。

ただし、なかなか自分を認めることができないと感じる人は、無理に認めようとしないでおきましょう。「認めたほうがいいのに、自分を認められない」と自分を責めてしまうよりは、「わかっているけど、まだ認められないなぁ」くらいに捉えておくほうが、ストレスを感じずにすみますから。

この時のポイントは「まだ」という言葉を使うこと。「できない」ではなく「まだできない」と捉えることで、いつかできるようになるかもしれないという良いイメージを自分の中に植え付けることができますよ。

「落ち込むのは良くないこと」という世間の風潮を感じることがあるかもしれませんが、実はまったく落ち込まずに生きてきた人よりも、落ち込みながらも生きてきた人のほうが人間性に深みが出ます。

カウンセラーとしてたくさんの人を見てきましたが、「素敵だなぁ」「あんなふうに年齢を重ねたい」とみんなが憧れるような人というのは、過去に落ち込むような出来事をたくさん乗り越えてきていることがほとんど。まったく悩まず落ち込まない人で「素敵な人」というのを私はこれまで見たことがありません。明るく見えたり、悩みがないように見える人もいますが、そこにたどりつくまでにたくさん悩んでたくさん落ち込んできたはずなのです。

「落ち込むのもダメじゃないかも」と自分自身が心の底から思えるようになると、不思議なもので落ち込むこと自体減ることがあります。落ち込んでも、立ち直りが早くなります。

落ち込むことに疲れてしまった人こそ、「すぐに落ち込んでもいい」と思うところから始めてみてくださいね。

人と比べたり、
人に嫉妬するのは、
良くないことだと思いますか？

でも、しっぽは長い
耳が短い
耳が長い
でも、しっぽは短い

人と比べて嫉妬したり、うらやましいと思ってしまう

人と比べてしまう自分に落ち込んだり、嫉妬してイライラしたり、誰かをうらやましいと思う自分が嫌になってしまうことはありませんか？

「そんな自分を変えたい」「変えなきゃいけない」とがんばってきた人もいるかもしれませんね。

でも実は、人と自分を比べてしまうことも、人に嫉妬してしまうことも、人をうらやましいと思うこともダメではありません。人と比べてしまうのも、嫉妬するのも、うらやましいと思うのも自然な感情だからです。

試しに「人と比べてもいい。人に嫉妬してもいい。人をうらやましいと思ってもい

い」と、口に出してみてください。

さて、どのような気持ちになりましたか？

心が軽くなったり、「そっか。そうなのか」と納得できた人は、この言葉を毎朝口に出してみてくださいね。「そう思ってもいいんだよ」と自分の気持ちを肯定し続けることで、落ち込んだりイライラする回数がだんだんと減っていきますから。

でも中にはきっと、先ほどの言葉を口に出すのも嫌だったり、「どうして嫉妬してもいいの？」と納得できなかったり、「嫌だから悩んでいるのに、いいって言われても……」とモヤモヤする人もいるのではと思います。

それはそれでいいのですよ。

あなたの中から出てきた感情はどのようなものであっても、そのまま受け止めておきましょう。あなたから出てきた気持ちの中には、あなたが今の苦しみから抜け出して、もっと幸せになるためのヒントが隠されているからです。

たとえば「人と比べてもいい。人に嫉妬してもいい。人をうらやましいと思ってもいい」という言葉が納得できないということはつまり、「人と比べてはいけない。人に嫉妬してはいけない。人をうらやましいと思ってはいけない」というポリシーを持って生きてきたということです。

このように自分の気持ちをそのまま肯定すると、自分が何をがんばり、何を大切にして生きてきたのかが少しずつ見えてきます。

冒頭で私は人と比べてもいいとお伝えしましたが、あなた自身が「人と比べてはいけない」という思いに苦しんでいないのなら、人と比べてはいけないことを守り続けてもいいのですよ。同様にあなた自身が「人に嫉妬してはいけない」という思いに苦しんでいないのなら、人に嫉妬しないように心がけ続けてもまったく問題ありません。

ですが、人と比べたり嫉妬することに悩んでいる人の多くは、「してはいけない」という強い思いに縛られ苦しんでいます。してはいけないと強く思っているからこそ、それをしてしまう自分が嫌になったり落ち込んだりしてしまうのです。

あなたが「人と比べてはいけない」「人に嫉妬してはいけない」と思う理由はなんでしょうか？

もしかすると子どもの頃に親や先生から言われたことや、テレビや雑誌、ＳＮＳで見聞きした「嫉妬は良くない」「人と比べたら幸せになれない」といった誰かの言葉が影響している可能性はないでしょうか？

たとえばドラマや小説では、話をわかりやすくするために「嫉妬」を醜く描くことがありますから、嫉妬が良くないものという思い込みがつくられてしまうことがあります。

比べたり嫉妬することそのものがダメなのではありません。

誰かと比べるからこそがんばれることもあるし、嫉妬心やうらやましさが自分を変えるための原動力になることもあります。

誰かと比べて落ち込むのはあなたが何かをがんばっている証拠ですし、嫉妬するのは「本当はこうなりたい」という理想がちゃんとあるからこそ。これはとても素敵なことです。

時代劇に出てくるような豪華な着物を着ている人よりも、憧れのブランドの洋服を着ている人に嫉妬心が出やすいように、自分に必要のないものや絶対に手に入らないようなもの、まったく興味のないものに人は嫉妬できません。

つまり誰かと比べたり嫉妬する自分が嫌になりそうな時は、あなたが本当に欲しいものを知るためのチャンス。「嫉妬はダメ！」と自分を責めて追い込むのではなくて、「嫉妬＝自分が何を欲しいと思っていて、何が足りないと感じているのかを知るチャンス」と考えてみてもよいかもしれませんね。

比べても、嫉妬しても、うらやましいと思っても大丈夫。

まずはそんな自分を肯定していきましょう。

第4章

あなたのための「今」。自分の心を自分で幸せにする

自分の幸せってなんだろう

インターネットや本で幸せになる方法について調べてみると「私はこれで幸せになりました」という成功談や、「こうすれば幸せになる」というアドバイスまで、実にさまざまな情報が手に入ります。

ですが、それで幸せになる人はほんの一握り。「試してみたけれど幸せになれない」「こんなことで幸せになれたら苦労しない」とますます思い悩む人のほうが、圧倒的に多いのです。

では、幸せになれる人と幸せになれない人の違いは何でしょうか。

性格？　考え方？　やる気やがんばりが足りないから？　それとも環境のせいでしょうか？

……実はどれも違います。

幸せになれる人となれない人の最も大きな違いは、自分にとって何が幸せかを理解しているかどうか。さらには幸せになることに、自分自身が許可を出せているかどうかも重要なポイントです。

この本を手に取ってくれたあなたはきっと、幸せになりたいけれど、どうしたらいいかわからなかったり、がんばっているのに幸せになれなかったり、そもそも何が自分の幸せかがよくわからなかったりするのではと思います。

幸せがよくわからない自分がおかしいのではと落ち込んでしまう人もいますが、おかしなことではないので安心してくださいね。

古代ギリシアの哲学者ソクラテスの言葉に「無知の知」というものがあります。できないこと、知らないことを知っているからこそ、その先に進めるという意味の言葉です。

あなたが今「幸せがよくわからない」と感じているのならそれは、知らないことを知っているということになります。だから落ち込むどころか、自分を褒めていいのです。

幸せがよくわからないという疑問が生まれるほど、これまであなたは自分自身と向き合って生きてきたということ。なんとなく適当に生きていたら、このような疑問は出てこないのですよ。

幸せの形は1つではありません。

ある人は幸せだと感じることだとしても、また別のある人にとっては不幸だと感じることもあります。

平凡な毎日に幸せを感じる人もいれば、慌ただしい毎日に幸せを感じる人もいます。家族団欒《だんらん》に幸せを感じる人もいれば、1人でゆっくり過ごす時間に幸せを感じる人もいます。お金にゆとりがあることに幸せを感じる人もいれば、時間にゆとりがあることに幸せを感じる人もいます。

ここで気をつけてほしいのは、あなたが今イメージしている「幸せ」が誰の価値観なのかということです。自分の価値観だと思っていたけれど、それが実は別の誰かの価値観だったということがあります。

特に強い影響を与えるのが、親の価値観です。

たとえば今の仕事が自分に向いていなくてとてもつらいと感じているのに、「正社員じゃなければ幸せになれない」という思いから転職や退職に踏み切れずに悩むことがあります。

幸せになるためには正社員じゃなきゃいけないから、今がつらいけど我慢しているような状態です。

このように幸せな決断をしているはずなのになぜか幸せを感じられない時は、自分の価値観よりも「親の価値観」が強く影響している可能性大。

誰の価値観で動いているのかを調べるために効果的なのは、「なぜ○○じゃなければ幸せになれないのか？」と自問自答することです。

先ほどの例なら「なぜ正社員でなければ幸せになれないのだろうか？」という具合です。

親の価値観が強く影響している場合は、この質問の答えに「親が言いそうなこと」「親が考えそうなこと」「実際に親があなたに言ったこと」が入っているはずです。

親の価値観で動いてはいけないということではないのですが、自分以外の人の価値観で幸せを決めてしまうと、生きづらさや不満を抱えやすくなります。

だからもしあなたが今「幸せではない」と感じているのなら、自分の価値観で幸せに生きる方向に舵を切るタイミングなのかもしれません。

そのためにもまずは、あなたにとって何が幸せなのかを探してみましょう。

次に挙げる質問に答えていくうちに、自分なりの幸せの形が見えてくるはずです。

この時のポイントは２つ。

1つ目は、自分以外の人の価値観を極力排除すること。

「この人はこう言いそうだな」「この人はこう思うだろうな」と頭をよぎったら、「でも私はどうしたいの？」「この人のことを気にしなくて良かったらどうしたい？」と自分に問い直します。これを繰り返すことで、自分以外の人の価値観が及ぼす影響はだんだん小さくなっていきます。

2つ目は、それが叶うかどうかという現実的な話は置いておいて「どうしたいのか」という自分の気持ちに素直になること。

さらには頭の中で考えるだけではなく紙に書くことで、自分なりの幸せがより具体的にイメージしやすくなります。

・あなたが幸せだと感じるのは、どのような時でしょうか？
・最近幸せだと感じたことはありましたか？　それはどんな時ですか？
・過去に幸せだと感じたことはありましたか？　それはどんな時ですか？
・時間とお金、どちらがあると心に余裕ができますか？
・衣食住のうち、大切にしたいのはどれですか？

・穏やかな時間と賑やかな時間、どちらに幸せを感じますか？
・何かしている時が幸せですか？　それとも何もしていない時が幸せですか？
・1億円もらえたら、何がしたいですか？
・時間をまったく気にせず好きなことをして良かったら、何をしたいですか？

無理に答えを出そうとせず、時間や場所を変えながらゆっくり何度も考えてみてくださいね。

なかなか答えが出せない質問があっても大丈夫。何度考えても答えが出ない質問があるなら、「今はまだわからない」というのがあなたの答えです。

誰かがつくりあげた幸せではなく、あなただけの幸せの形を見つけていきましょう。

焦らないで大丈夫。
「自分の幸せってなんだろう」と
考えられたことが、
大きな一歩だから

幸せになっていいと思えていますか？

自分なりの幸せの形がわかっているのに、それでもやっぱり幸せになれないと悩むことがあります。幸せが手に入りそうな時に限ってなぜかうまくいかなかったり、怖くなって目の前の幸せから逃げ出してしまったり、幸せになれそうなチャンスを自ら手放してしまうこともあります。幸せになりたいのに、なぜか幸せになれないほうを選んでしまうこともあります。

厄介なのは多くの場合、無意識にそうなってしまうということ。無意識なので、知らず知らずのうちに幸せになれないパターンを繰り返してしまうのです。

でも安心してくださいね。

無意識にそうなっていることに気づくことができれば、それはもう無意識ではなくなります。意識できるものになれば、幸せになれないパターンは断ち切ることができるのです。

あなたが幸せになることを邪魔する「無意識の何か」を見つけるために、これから2つ質問をします。

・1つ目。

楽しむことは得意ですか？

自分1人で楽しむことに罪悪感はありませんか？

この答えが「いいえ」の人の多くは、子どもの頃に両親が楽しむ姿を見ていません。親が忙しかったり、夫婦や祖父母との関係に悩んでいたり、金銭面で苦労していたりと理由はさまざまですが、笑顔で楽しそうな姿よりも「大変そうな親のイメージが強い」という共通点があります。

親の苦労する姿を見て、自分だけ楽しむことに罪悪感を覚えたり、楽しむことがいけないことのように感じてしまうことがあります。楽しむためには苦労しなければいけない、楽しんでばかりではいけないと思い込んでしまうこともあります。

・2つ目。
あなたが子どもの頃、あなたの親や身近な大人たちは、幸せな人生を送っていたと思いますか？

この答えが「いいえ」の場合は、幸せになることにブレーキがかかりやすいです。優しかったり責任感が強かったり、家族のことを考えて生きてきた人ほどこの傾向が強くなります。

幸せではない親の姿を見て育つと「自分だけ幸せになってはいけない」と思ったり、自分一人が幸せになることに罪悪感が芽生えることがあります。親の影響があまりに強い場合には、幸せになると悪いことが起こるのではと不安になることもあります。

「あなたの親の育て方が悪い」「あなたの親のせいだ」と批判をしたいのではありま

せん。

親はわざわざあなたを不幸にしようとは思っていなかったはずですし（稀に子どもの不幸を願う親もいます）、親なりに子どもの幸せを願っていたのかもしれないし、親は生きていくために必死にがんばっていただけかもしれません。このように、親には親の事情があったはずです。

ですが自分らしく幸せに生きるために大切なのは、「親がなぜそんなことをしたのか」と今から親を理解してあげることではありません。過去の親との関係が今にどう影響しているのかを知り、自分自身について理解してあげることが大切です。

なぜか幸せになれないのがあなたの性格や考え方の問題ではなく、過去に親から受けた影響なのかもしれないということを知ることができれば、幸せになるための方法を見つけることができます。

「原因を知ったところで意味があるのか」「原因よりも対処法が知りたい」とおっし

ゃる方は多いのですが、原因を知ることが解決への近道になるケースはとても多いのです。

「楽しんではいけない」「幸せになってはいけない」という無意識が働いていると気づけた人は、「楽しんでもいい」「幸せになってもいい」と自分に許可を出すことから始めましょう。

ただし、あまりに親の影響が強い場合には「楽しんでいい」「幸せになっていい」と口に出した時に「でも……」とモヤモヤしたり、親の顔や言葉が頭に浮かんだり、なんともいえない気持ちになることがあります。そもそも口に出せないこともありますが、どれも自然な反応なので心配しないでくださいね。

「茶碗に入った白米はお箸で食べるもの」と子どもの頃から教わってきたのに、急に「実は手づかみしていいんです」と言われても戸惑うのと一緒で、これまでしてはいけないと思っていたことを急に「してもいい」と言われたところでなかなか受け入れられないものです。

「楽しんでいい」「幸せになっていい」に違和感がある場合は、「楽しんでもいいのかも」「幸せになってもいいらしい」というふうに捉えてみてください。

「してもいい」と強く思うと罪悪感や抵抗心が出やすいので、「してもいいのかも？」「してもいいらしいよ」と自分に優しく教えるイメージで捉えてみましょう。

これを繰り返すことで、楽しむことや幸せになることへの抵抗が薄れていきます。

「楽しんでいい」「幸せになっていい」という考え方にだんだんと慣れていくことで、自分が幸せになるための選択ができるようになっていきますよ。

「今」を大切にする生き方（過去は忘れるべき？）

「私は幸せになっていい」と心から思えるようになった時に、過去の記憶が前に進もうとするあなたの邪魔をすることがあります。あなたを傷つけたあの人や許せない過去の出来事を思い出して、「あの時」味わった嫌な感覚が生々しくよみがえる時もあります。

「今もまだ引きずっているなんて」と悲しくなることもありますが、そんなふうに思わなくても大丈夫。自分を責めたり落ち込む代わりに、「過去の私は相当がんばってきたのだな」「今も引きずるほどの出来事を乗り越えたんだな」と自分を労《ねぎら》ってあげましょう。

過去に足を引っ張られてしまうのは、これまで誰かのためにがんばってきたり、誰かのためにたくさん我慢してきた優しい人だからです。

「こんな自分は弱いのでは」と思い悩む人もいますが、そんなことはありません。あなたは今も思い出すような、つらい過去を乗り越えて生きているのです。

これはあなたの弱さではなく、強さです。


今も思い出して苦しくなる場合は「乗り越えられていない」と感じるかもしれませんが、つらい過去を抱えながら生きているならそれは「今日まで乗り切った」ということです。


何も持たずに身軽な格好で走るのと、重たいリュックを背負って走るのでは、大変さは全然違いますよね。

つらい過去が忘れられない状態というのは、誰にも見えない重たいリュックを背負って走り続けているような状態です。誰にも見えないからこそ助けてもらえなかったり、勇気を出してつらい過去を打ち明けたのに理解されず苦しい思いをしたり、その結果1人で背負いすぎてしまうこともあります。

つらい過去を背負っているのに、「悩みがなさそう」「いつも明るい」「いつも優しい」と周囲から言われることもあります。

ですがそのような人の多くは、つらい過去を背負っていることを誰にも見せないようにバレないようにと、努力や笑顔でカバーしています。目に見えないリュックを背負いながら、実は他の誰よりもがんばっているのです。

「なんでこんなにすぐ疲れてしまうんだろう」と思ってしまうこともあるかもしれませんが、それはあなたが気づいていないだけで相当がんばっているからです。重たい荷物を背負って生きていれば、日々を過ごすだけでも疲弊してしまいます。

長い間つらい過去を背負って生きていると「背負っているのが当たり前」になってしまいがちですが、心と体に与えるダメージは消えません。慣れてしまうだけで、疲労も悲しみも怒りも日々蓄積されていきます。

だから疲れてしまう自分を責めるのではなく、「疲れて当然だよね。それだけのことをしてきたのだから」と労ってあげてください。

これまでがんばってきたあなたに今必要なのは、疲れないようにもっとがんばることではありません。できるだけ休んで、これまで蓄積された疲れを和らげることです。

今になって考えてみるともっと良い方法があったように思えたり、「あの時ああしていれば……」と後悔するようなこともあるでしょう。そんな時には「過去の私はがんばった」と褒めたり労ったりできないかもしれません。

このような場合は、「過去のおかげで今の私がある」だなんて無理やり感謝しなくていいです。そう思えない時には、「思えない」という自分の気持ちを大切にしてください。

これが今を大切にすることにつながります。今感じている気持ちこそが、「今」のあなたの気持ちだからです。

ですが1つ、お願いがあります。

それは、過去の出来事によって、今の自分を否定したり責めないでおくということ。

あなたが一生懸命に考えた選択や行動を「それはおかしい」と否定されたり、後になって「もっといい方法があった」なんて指摘されたら悲しいし悔しいですよね。

それと同じで、過去のあなたは、当時のあなたなりに精一杯考えて行動したはずです。だから過去の自分を否定したり責めたりしないでおきましょう。

「あの時ああしていれば」と思うことがあるかもしれません。

でも、その時にはきっと、そんなこと思いつきもしなかったはずです。そう思えるのは、あなたが当時から成長した証《あかし》。知識や経験が増えたから、当時は思いつかなかった方法が出てくるようになったのです。

だからそんな時こそ過去を後悔するのではなく、今の自分の成長を感じてくださいね。

つらい過去に出てくる「あの人」を思い浮かべてみてください。

その人の顔写真のポスターがでかでかと貼ってあるトイレの個室があったとして、

「そのトイレの個室の中で1日過ごしなさい」と言われたら苦痛ですよね……。
狭いし、やることはないし、ポスターは目に入るしで気が気でないのではと思います。過去を繰り返し思い出す状況というのは、これに似ています。この状況で「気にするな」「意識するな」というのが無理な話なのです。

でも、その顔写真のポスターが映画館のどこか1室にだけ1枚貼ってあって、「映画館の中で1日過ごしなさい」と言われたらどうでしょうか？　嫌な人の顔写真を見ないようにしたり、映画を見て過ごしたりと、トイレの個室と比べて「あの人」のことを考える時間は明らかに少ないのではと思います。

トイレの個室よりも映画館のほうが「あの人」が気にならなかったように、今を生きることができるようになると、「今」の自分の世界が広がります。今に時間を使うようになると、過去が頭の中で占めるウエイト(割合)が減っていくからです。楽しいことや嬉しいことが増えることで、結果的に過去が気にならなくなっていきます。

「つらい過去があったら幸せになれない」なんてことは、ありません。

つらい過去を整理しなきゃ前に進めない、なんてこともありません。

つらい過去があっても、忘れられないほど嫌なことがあっても、許せない人がいても、ちゃんと幸せになれますから大丈夫。


向き合うのがつらいほど嫌な過去があるのなら、無理に向き合うことに時間を使わず、「今」をどう生きるかということに時間を使っていきましょう。

苦手なもの、嫌いな人にはさよなら

今を大切にするために一番効果的なのは、新たに何かを足すことではなく、今ある何かを減らすことです。

幸せになるためのものを探す前に、幸せを邪魔しているものを探すことから。新しく何かをがんばるのではなく、まずは今がんばっている何かについて「がんばることをやめる」ことから始めましょう。

人が一度に抱えられる物事には限界があります。
だからまずは今あなたが抱えている苦手なものや苦手な人、嫌いなものや嫌いな人を減らしていきましょう。

古い食器がぎっしり並んだ「食器棚」をイメージしてみてください。ここに新しい食器を並べようと思ったら、古い食器を移動させなくてはいけません。

その古い食器があなたのお気に入りならそのままでまったく問題ありませんが、なんとなく使っているものだったり、嫌いなのに仕方なく使っているものだとしたら入れ替えのチャンスです。

せっかく素敵な食器を見つけた時に、「古い食器でいっぱいだから……」と悩んで諦めてしまうのはもったいないですよね。

でも、古い食器をあらかじめ移動しておけば、空いたスペースに何を入れようかと考えておくことができます。素敵な食器が見つかった時にも「入るだろうか」と悩まずに済みます。

……と言葉で言うのは簡単ですが、いざ苦手なものや嫌いな人を減らそうと思うと迷ってしまいますよね。

いつか使うかもしれないと考えたり、あとになって後悔したらどうしようと不安になったり、これまでかけた時間や労力が頭をよぎって「もったいないかも」と思うこともあるかもしれません。

でも、今あなたが幸せではないと感じているのなら、あなたが幸せになるためには必要のない「もの」「人」があふれてしまっているのかもしれません。必要だと思っていたけれど、実はそこまで必要ではないものもあるかもしれません。幸せに必要ないだけならまだしも、中にはあなたを不幸にしてしまうような「もの」「人」が紛れ込んでいることもあります。

さて。

あなたは今、何に時間や体力を使っていますか？　どんなことにお金を使っていますか？

「疲れたなぁ」と思うのは、何かをした後でしょうか？　それとも誰かと過ごした後でしょうか？

試しにあなたの1日を書き出してみてください。

どんなこと、どんな人にあなたの時間やお金、体力を使っているのかが見えてくるはずです。そして「これは必要だ」「やるべきだ」と思っているものの中に、減らせそうなものがないかを考えてみてください。


たとえば、誰かとのLINEのやりとり。

返事が来るのが楽しみで仕方のないこともあれば、やりとりが面倒に感じることもあるでしょう。

あなたにとってそのやりとりが楽しいものなら、減らす必要はありません。楽しいとまではいかなくてもそこまでストレスを感じていなかったり、何かしらのメリットが感じられるなら減らさなくて大丈夫です。


でもそのやりとりが負担になっていたり、LINEの通知音が鳴るとモヤモヤしたり、やりとりをするメリットがそこまで感じられないのなら、それは今のあなたに必要のない「もの」「人」なのかもしれません。

このように今のあなたにそこまで必要ないものを思い切って減らすことができれば、また別の人とやり取りするチャンスが生まれたり、別のことに時間を使う余裕が生まれます。

時間もお金も体力も有限ですから、「今」を生きる時には必要なものだけをどんどん選んでいきましょう。

選ぶのが難しいと感じたり、選ぶことに抵抗がある場合には、自分なりの選ぶ基準を設けることをおすすめします。

自分なりの基準を設けるポイントはただ1つ。

あなたは、何で決断するのが得意なのかを見分けることです。人が何かを決断する時には「思考」「感情」「行動」の3つが働いています。実はこの3つのうち、どれが強く出るのかは人それぞれ違います。

次の3つのパターンのうち、あなたに近いものはどれでしょうか？

思考パターンの人は、感情よりも論理的に考えることが多いです。自分の考えに納得できなかったり、考えすぎた結果、何も行動しないことも珍しくありません。

洋服を選ぶ時には、「白色の服が多いから、柄物を買おうかな」「1着あると何かと便利そうだから、これを買おうかな」という具合によく考えて決断します。

ランチのメニューを選ぶ時には、「昨日はラーメンを食べたから、今日は定食にしよう」「このあと会議だから、ニンニク入りの餃子はやめておこう」という具合に決断します。

感情パターンの人は、自分の気持ちに沿った決断が多いです。

「わぁ」「えっ」「あれっ」といった感嘆詞を使うなど感情表現が豊かだったり、人の気持ちに共感するのが得意という傾向があります。

洋服を選ぶ時には「これ可愛い！」「こっちが好き」のように、自分が気に入ったかどうかで選びます。

ランチのメニューを選ぶ時には「美味しそう」「これが食べてみたい」という、その時の直感を最優先に決断します。

行動パターンの人は、とりあえずやってみます。

洋服を選ぶ時には「買ってから考えよう」「とりあえず買ってみて、家に帰って手持ちの服と合わせてみよう」というように、行動が先にきます。

ランチのメニュー選びでは「時間がないからこっち」「とりあえずこれ」など、比較的決断が早い人が多いです。決めるまでの時間が無駄、悩むのがもったいないと感じることもあります。

ここでお伝えしたいのは、どのパターンが良い・悪いということではありません。パターンを変えなきゃいけないとか、そういうことでもありません。

あなたはあなた、そのままで大丈夫です。

大切なのは、自分自身がどのようなパターンで決断することが多いのかを知っておくこと。自分の得意なパターンを知っておくと、苦手な「もの」「人」を整理する時に悩みにくくなりますよ。

思考パターンの人は、「自分に必要かどうか」で物事を判断してみましょう。

「好き」「嫌い」という感情を優先して選ぼうとするとなかなか決断できなくなりますから、メリット・デメリットについて書き出してみるのもおすすめです。

動けていないと感じてしまうことがあるかもしれませんが、そんな時こそ焦って自分を責めないこと。

このタイプの人は、納得できればちゃんと動けるからです。決断できない、動けないと焦る時こそ納得するまで考えてみてくださいね。

感情パターンの人は、「好き」「嫌い」で判断してみましょう。

論理的に考えると不満や後悔が出やすいですから、自分が直感でどう感じたのかを大切にしてください。きっとこれまでにも「直感を信じればよかった」と感じたことがあるのではと思います。

たとえば「あれ？」という違和感を無視してお付き合いしたけれど、結果的に「やっぱりやめておけばよかった……」と思ったり。

自分の気持ちや直感に正直になる回数が増えるだけで、だんだんと嫌なものが減って、好きなものが増えていきますよ。

行動パターンの人は、とりあえず選んでみましょう。

もし仮に「やらなければよかった」と後悔するようなことがあったとしても、このタイプの人は次の新しい何かを見つけるために動けるからです。人よりも決断が早かったり行動力がありますから、どんどんやってみるのがおすすめです。挑戦が多い分、失敗が多いように感じるかもしれませんが、それも「行動したからこそ！」と自分を肯定してくださいね。

自分の得意な方法で、
苦手な「もの」「こと」を整理
してみてくださいね

今のあなたを大切に幸せになろう

ありのままの自分で生きることの大切さ、悩みや苦しみの手放し方、今を大切に生きること……。

ここまで読んでみて心が軽くなった人もいれば、「こんなこと知らなかった」「だから幸せになれないのだ」と落ち込んだり自分を責めてしまう人、「これができたら苦労しない」「そんなことできない」と感じた人もいるのではと思います。

今あなたが、どのように感じたとしても大丈夫です。

こんなふうに思えなきゃ幸せになれないとか、幸せになるためには書いてあることを全て受け入れなければいけないとか、そういうことはないので安心してくださいね。

・心が軽くなった人へ

心が軽くなったのは、あなたの中で「あなたなりの幸せ」が少しずつはっきりしてきたから。幸せになる心の準備が整ってきたからです。

思考タイプの人はできそうなことから、感情タイプの人はやってみたいことから、行動タイプの人はとりあえずでもいいので日々の生活に取り入れてみてくださいね。

・自分を責めてしまう人へ

「こんなことできない。だから幸せになれないんだ」と自分を責めてしまうなら、あなたはちょっぴり自分に厳しすぎるのかもしれません。

でも、自分に厳しいのがダメだというのではありませんよ。自分に厳しいあなただからこそ成長できたことがたくさんあるはずです。だからそれは、あなたの良さでもあります。

ですが、一生懸命にがんばっている時にダメなところばかり指摘されたら、自信もやる気もなくなってしまいますよね。

つい自分に厳しくなってしまう人は、ダメなところだけではなく「できたところ」

「いいところ」も見つけるようにしてみてください。

たとえば「これができていない」と自分に指摘する時には、「だけどこれはできた」というふうにできたものを1つ探す。「なんでこんなこともできないんだ」と自分に厳しい言葉をかけてしまった時には、「だけど努力したよね」と自分を労う言葉をかけてあげましょう。

自責が癖になっている場合は、自分への指摘やダメ出しをいきなりやめるのが難しいですから、「自責＋肯定」をセットにするように心がけてみてください。これだけで自責する回数が減ったり、自責しても前ほど落ち込みにくくなりますよ。

・こんなことできない、と感じた人へ

「こんなのできたら苦労しない！」「それができないから悩んでいるのに」とモヤモヤしたり、「幸せになりたいからこの本を買ったのに……」とがっかりした人もいるかもしれません。

このように感じられるあなたは、とてもがんばりやさんなのではと思います。

できないと感じられるのは、これまで自分なりに何かをがんばってきた人だけ。それができないから悩んでいると思えるのは、これまで自分の問題に向き合い続けた人だけだからです。

ですがこの本を手に取って、ここまで読んだ時点であなたは、幸せになろうとして自分なりに行動したと言えます。だからあなたは、すでに幸せになるために行動「できて」います。あなたの何かのせいでできないのではなくて、ただ単にここまで読んだ内容が自分に合っていなかっただけなのだと思ってくださいね。

あなたは、幸せを手に入れるためにちゃんと行動できています。

世の中には、幸せになるためのたくさんの方法があります。幸せになるために新たに何かをする方法もあれば、幸せになるために古い何かを手放す方法など、真逆の方法もあふれています。究極のところは、「絶対に幸せにならなきゃいけない」ということもありません。

何が言いたいかというと、どんな方法が合うかは人それぞれ違うし、どう生きるかについて言えば「自分はどうしたいのか」が一番大切だということなのです。

「幸せになりたいのに幸せになれない」と悩む人には、ある共通点があります。それは、これまでの人生において我慢がとても多いということ。

たとえばあなたは、誰かに合わせすぎてしまうことはないでしょうか？

相手が明るい人なら自分も楽しくふるまったり、相手が物静かな人なら自分もおとなしくふるまったり……。相手に合わせることはある程度必要ですし、相手を不快にさせないという意味では素晴らしい心がけです。

ですが、あまりに合わせすぎてばかりいると苦しくなってしまいます。相手に合わせるということは、本来の自分らしさを押さえ込んだり我慢しなければいけませんから。

誰かのために我慢ばかりしてきた優しいあなただからこそ、そろそろ「自分の幸せ」を手に入れてもいいのではないでしょうか？　あなたはもう十分すぎるくらい、誰かのために動いてきてあげたはずです。

そろそろ自分のために動いてあげましょう。

そのための第一歩が、我慢を減らすことです。

嫌な人と過ごす時間を減らしたり、愚痴を聞く回数を減らしたり、苦手なことを手放したりと、少しずつ我慢を減らしてみてください。一度に全部やめるのは大変ですから、1つ減らしてみて楽になったらもう1つ減らすという具合に、1つずつ減らしながら様子を見てみるといいかもしれませんね。

虫歯で歯が痛いのに必死に我慢したところで、悪化するだけですよね。

それと同じで世の中には我慢しなくていいこと、我慢しないほうがいいこともたくさんあります。

ただでさえ我慢しなきゃいけないことが日々たくさんあるのですから、減らせる我慢はどんどん減らしていきましょう。

減らせる我慢は、
どんどん減らして
いいんですよ

第5章

幸せな未来のつくり方

幸せな未来はどうやってつくる？

「今」を大切に生きるためには苦手なものや嫌いな人、我慢を減らすことが効果的だとお伝えしました。

次はその減らしたところに新しい何かを足して、幸せな未来をつくっていきましょう。

この本を手に取ってくれたあなたにまずおすすめしたいのが、ラクをすること。さらには上手にサボることです。

……とお伝えすると、「ラクをすることやサボることは何かを足すことではなく、減らすことではないのか？」と質問をされることがあります。

ですが、これまでの人生でラクをしてきていない人にとって、「ラクすること」「サボること」というのは新しい体験。これまでとは違う習慣を新たに足すことになるのです。

第４章でもお伝えしたように「幸せになれない」と悩む人の多くは、子どもの頃からたくさん我慢をして努力を重ねて生きてきています。

「幸せになる方法が知りたい」「自分で幸せをつくろう」という考え方ができている時点であなたは、これまでの人生において何かをがんばってきた人。何かあった時に諦めるのではなく、何かしらがんばろうとしてきた人なのです。ラクをして生きてきた人ならば、そもそもこのような内容の本は手に取りません。

そんながんばりやさんのあなただからこそ、幸せな未来のために必要なのは努力をさらに足すことではなく、ラクを足すことなのです。

ただし、子どもの頃からがんばるのが当たり前だったり、がんばらなければ幸せになれないと思ってきた人の場合は、努力しないことに違和感や罪悪感が出ることがあります。自己肯定感の低さから、がんばらなければダメな人間になると怖くなることもあります。

この場合は、「ラクをするために努力する」「幸せな人生のためにサボることをがんばってみる」と捉えてみてください。努力をやめるのではなく、努力の方向を変えるのだと思うことで、違和感や罪悪感を薄れさせる効果があります。

ラクをすることが手抜きのように感じる人もいるかもしれませんが、それは「これまでの人生でラクをしてきた人」限定の話です。これまでずっと何かをがんばって生きてきたあなたにとって、ラクをすることは手抜きではありません。

これまでラクをして生きてきた人にとっては、がんばることが新しい挑戦となります。これまでがんばってきていないので、がんばるという行為そのものが新しい習慣なのです。

それとは反対に、何かをがんばって生きてきた人にとって、がんばることは慣れ親しんだ行為の1つ。つまりラクをすることが新しい習慣、新しい挑戦となります。

そもそも手抜きをしてはいけないということはないし、時には手を抜くことが必要な場面もあります。だから「ラク＝手を抜くこと」という捉え方でもまったく問題ありません。手を抜くのは良くないという思い込みが強ければ強いほど、ラクをすることにブレーキがかかりやすいのでこのようなお話をさせていただきました。

手抜きをすることに抵抗がなければ「手を抜いていい」「ラクをしていい」と捉えるのがいいですし、手抜きをすることに抵抗があれば「ラクをすることは自分にとっては手抜きではなく新しい挑戦なのだ」「手抜きを覚えよう」と捉えるといいですよ。

マラソンをイメージしてください。ずっと力一杯走り続けることはできませんよね。最初から全力疾走してしまったら、それこそ体力が持ちません。ラクすること・サボることを覚えるというのは、最後まで走り切るための選択肢の1つ。決してダメなことではありません。

「ラクをすることを覚えたら成長できないのでは」と心配になる人もいますが、365日ずっと成長し続けなければいけないということはありません。がんばるのと同じように、ラクをすることも手段の1つです。

ラクをすることにどうしても抵抗が出る場合には、「ラクをするという選択肢を増やしておこう」「選択肢の1つとしてラクを増やしたからといって、必ずそうしなきゃいけないわけではない」と思ってみてくださいね。

事実は同じでも捉え方一つで心持ちは変わります。

だからこそ自分にとって、よりしっくりくる考え方を選んでみてくださいね。

自分に優しくする

誰かのために気を遣うことが多かったり、ついつい誰かの顔色が気になってしまう……。

そんなあなたに取り入れてみてほしいのが、「自分に優しくする」という幸せのつくり方です。

誰かに気を遣うということは、自分に気を遣えていない可能性があります。

「その人がどうしてほしいか」を最優先に考えなければいけないので、自分が何を感じていてどうしたいのかが後回しになってしまうのです。

誰かの顔色が気になっているなら、自分の気持ちが置き去りになっている可能性があります。

相手の表情や声のトーン、しぐさや様子から、相手がどう感じるかに神経を研ぎ澄ませなければいけないので、自分の様子を気にかけるほどの余裕がないのです。

自分に優しくするというのは、誰かのために使ってきた時間や体力、気持ちを自分のために使うということ。

誰かのためではなく、自分のために動いてあげることです。

たとえば「誰かの顔色が気になって仕方ない」という人は、自分の顔色も気にするようにしてみましょう。

無理して笑っていないだろうか、嫌なのに我慢していないだろうか、しんどいのにがんばりすぎていないだろうか……。

これまであなたが誰かにしてきてあげたように、自分のことも察して気にしてあげてください。

これまでの人生を振り返った時に「誰かに気を遣って行動することが多かったなぁ」と感じるなら、同じように自分にも気を遣ってみましょう。

相手がどうしてほしいのかを考え行動してきたのと同じように、「自分はどうしてほしいのか」「自分は本当はどうしたいのか」を考えて、自分の思いを叶えるために行動するようにします。

自分の気持ちを後回しにして誰かの気持ちを優先してきた人は、相手の気持ちを後回しにして自分の気持ちを優先してみましょう。

ただし、これまで誰かのためにがんばってきた人ほど、自分のためにがんばるのが苦手なもの。

誰かのためには気を遣えるのに自分のためには気を遣えなかったり、誰かのためならがんばれるのに自分のためにはがんばれないことがあります。

ですがその原因の多くは、まだ慣れていないだけです。

回数を重ねればできるようになっていきますから、安心してくださいね。

だってあなたはすでに、できているのです。

誰かに気を遣ったり誰かのために行動できるあなたは、気を遣うことも行動することもできる人。

それを自分にやってもいいと思えていないか、自分に向けることに慣れていないだけなのです。


とはいえこれまで誰かに気を遣って生きてきた優しい人が、急に自分優先で行動するのは難しいですよね。

だからこそまずは自分1人の時に自分のことだけを考えて、自分の気持ちを察して、自分のために行動することにどんどん慣れていきましょう。


おすすめなのは、何が食べたくて、何が飲みたくて、何をしたくて、どこに行きたいのかなど、小さなことから自分のために行動してみること。

自分に優しくすることに慣れるのが目的なので、小さな行動で回数を重ねることが効果的です。

自分に優しくするためには時間や体力、お金を使うこともあります。

あなたが今欲しいものが「お金」なのだとすれば、時間を使うことでお金を節約することができます。

時間を使って掃除をすれば便利家電を買わなくて済みますし、自炊を心がけることで外食や惣菜を買った場合よりも大幅に節約できます。


反対に、もしあなたが今欲しいものが時間や体力なのだとしたら、お金を使って時間を得る方法が有効です。

思い切って仕事を休めば、自分のための時間が持てます。プロのお掃除サービスを利用したり、食洗機やお掃除ロボットなど便利家電を使えば、家事にかかる時間が節約できます。外食やお惣菜をうまく取り入れることで、料理にかかる時間も減らすことができます。

手を抜くことに罪悪感が出る場合には、「お金で必要な時間を買ったのだ」「手抜きではなく、別のことに時間を使うための手段だ」と捉えてみてください。

どちらの場合においても大切なのは、自分のために使う時間やお金を「もったいない」「無駄だ」と思わないこと。堂々と自分のために使ってあげてください。他の誰かには使って良くて、自分には使ってダメなんてことはないのですから。

時間、体力、お金……。

まずは抵抗なく自分のために使えそうなものから、自分のために使ってみましょう。使うことに慣れていったら、また別のものを使うことにも挑戦してみてください。小さな挑戦を積み重ねることで、時間も体力もお金もちゃんと自分のために使えるようになっていきますよ。

誰かのために使ってきた
時間やお金、体力を
自分のためにも
使ってみてね

ほんの少し行動を変えてみる

自分の様子に気を配ったり、自分のために行動できるようになると、自分の幸せのために動けることが増えていきます。

「なんか最近ラクになってきたかも」「幸せってこういう状態なのかも」と気づく頃には、自分のために笑うことが増えたり、自分の気持ちが前よりも言えるようになっていたり、そのおかげでかなり疲れにくくなっているのを実感するはずです。

ですが、この変化を実感するためには早くて数ヶ月、長い場合は数年ほどかかってしまうことが多いです。

そこで、「もっと早く幸せを実感したい！」という人におすすめなのがほんの少し行動を変えてみること。変えるのはほんの少しでも、得られる効果は絶大です。

ほんの少し行動を変えることを取り入れるだけで早ければ数週間、遅くても1〜2ヶ月あれば何かしらの良い変化を実感できますよ。

何か新しい発見をしたり、自分に役立ちそうな情報を見つけた時、あなたはメモに書き留めておくタイプでしょうか？

それともメモすることはせず、頭の中にストックするタイプでしょうか？

ほんの少し行動を変えるというのは、これまでの自分と違う行動を取ってみるということです。

たとえば新しい発見をした時にメモを取っていた人なら、あえてメモを取らず頭の中に記憶するようにします。普段メモを取っている人が、メモを取らないようにすると「忘れないように」という意識が強く働きます。メモを取っておけば後で読み返せるという安心感がありますが、メモを取らなければ「後で忘れてしまうかもしれない」という普段とは違う緊張感が生まれるからです。

反対にこれまでメモを取る習慣がなかった人の場合は、何か新しい発見があった時にどんどん書き留めてみてください。最初のうちは面倒だと感じるかもしれませんが、3日も続ければだんだん書くことに慣れていきます。

思考を刺激するという意味では手書きのほうがおすすめですが、「自分の字が嫌い」「書くのが苦手」など書くことに抵抗がある場合は、スマホのメモ帳機能を使ってもいいでしょう。

ほんの少しの行動の変化は幸せへの近道になりますが、そのせいでストレスが増えてしまうのは避けるべきです。どんなに良さそうに思えることだとしても、あなたがストレスを感じるのなら取り入れるべきではありません。

幸せになるために最も大切なのは、嫌なことを無理してでもがんばることではなくて、嫌なことやストレスを少しでも減らすことですから。

これまでの人生で幸せを実感できなかったと感じているのなら、これまでとは違う

行動を少しずつ増やしていきましょう。これまでと違う選択の積み重ねが、これまでとは違う未来をつくることにつながります。

たとえば本当は休みの日くらいゆっくり眠っていたいけれど「休みの日も早起きしなければ！」とがんばってきた人なら、思い切って堂々と朝寝坊してみる。

寝坊することに抵抗があるなら、「午前中は眠る」「目が覚めるまでゆっくり眠る」というふうに午前中の予定として組み込んでしまいましょう。予定に組み込んでしまうことで「寝坊した」という罪悪感は減り、その代わりに「午前中の予定を達成した」という満足感が得られます。

1回やってみたくらいで取り返しがつかないことになることは滅多にありませんから、「やってみたいけどやっていないこと」があれば試しに1回やってみるのもおすすめですよ。

新しい発見やチャレンジに出会う

・過去に言われた言葉が忘れられない
・気持ちを切り替えるのが苦手
・寝る前に嫌なことを思い出すことが多い
・ひとり反省会をよく開く
・考え事や悩み事が多いと感じる

そんなあなたにおすすめしたいのが、新しい発見やチャレンジに出会うような方法を取り入れることです。過去のことでフル回転した思考と心を一旦ストップして休ませ、今と未来に心をシフトさせる効果があります。

過去を繰り返し思い出す記憶力があるあなただからこそ、どうせならば元気が出るような楽しい過去を増やしていきましょう。

楽しい過去をつくるのは、今のあなた。今日は、明日になったら「過去」ですから。

大嫌いな人のことを考えるのと、大好きな人のことを考えるのとでは、心持ちが全然違います。同じように嫌な過去を繰り返し思い出すのと、楽しい未来を繰り返し想像するのでは、「考える」ひとつとっても疲労度が全然違うものです。

ひたすら考えられるあなただからこそ、どうせならば楽しいことや幸せなことを考えていきましょう。

新しい発見やチャレンジに出会う方法として一番効果的なのは、旅行に出かけることです。

できればこれまで行ったことのない土地、もしくは数十年ぶりに訪れるようなところがいいでしょう。知らないことが多ければ多いほど、新しい発見があればあるほど得られる効果は大きくなります。

この時のポイントは、何か1つ強く決意して出かけることです。

人の脳は、自分が意識しているものを見つけたり感じたりするのが得意です。

たとえば絵本『ウォーリーをさがせ！』でウォーリーが見つかるのは、ウォーリーを探すから。とりあえず絵本を見ているだけでは、ウォーリーは見つかりません。

「新しい発見をするぞ！」と決意して旅行に出かけると、いつもとは違う新しいものがたくさん目に入りやすくなります。

「今日は楽しむぞ！」と決意して出かければ、脳はなんとかして気持ちを楽しい方向に持っていこうとしてくれます。楽しむためのものを無意識に探すようになるので、いつもより嫌なものが目に入りにくくなります。

旅行に出かけるのが難しい場合には、いつもと違う道を歩いてみたり、これまで入ったことのないお店に行くだけでも大丈夫です。ほんの少しのいつもとは違う行動が、いつもと違う発見につながり、いつもと違う心の状態をつくりだしてくれますから。

家から出る元気もないという時には、昔見た本や映画鑑賞がおすすめです。疲れている時には「新しいもの」は刺激が強かったり、苦手な描写が含まれていることもあるので、「内容がわかっているもの」が安心です。

子どもの頃に好きだったアニメや懐かしい映画など、今でも記憶に残っているものを選ぶようにしましょう。

「あの時はこのキャラひどい！と思っていたけれど、大人になってみるとこのキャラの気持ちもわかるなぁ」「子どもの頃は気づかなかったけど、この俳優さん素敵！」など、昔とは違う発見が何かしらあるはずです。

この場合も旅行に出かける時と同様に、「新しい発見をするぞ」「昔と今でどう感じ方が変わったか探してみよう」「とことん笑うぞ」というふうに、何かしらの目標を立てて本や映画を鑑賞してみてくださいね。なんとなく本や映画を見るのと、目標を立ててから見るのとでは、得られるものの量が全然違いますから。

「新しい発見やチャレンジをしましょう！」と聞いてワクワクした人は、旅行に出かけるなど思い切って行動してみましょう。

ワクワクは、幸せな未来をつくるエネルギーになります。

反対に、新しい発見やチャレンジと聞いた時に「うーん」と乗り気にならないようなら、無理に取り組む必要はありません。

この場合も「自分に合う方法がなかなか見つからない」と否定的に捉える必要はまったくなく、「旅行に行く方法は合わないとわかった！」くらいに捉えておきましょう。

世の中には幸せになる方法がたくさんあふれています。その中で自分に合わないものが1つ見つかったというだけ。幸せな方法を探す手間が1つ省けた、くらいに捉えてみてくださいね。

得られるものがなかったと落ち込んだ時こそ、新たな発見のチャンス。

得られるものがなかったと「気づけた」と捉え直すことで、何も得られなかったという経験が、「得られた」という新しい経験に切り替わりますよ。

自分を変えたいあなたに

「自分を変えたい」と思うあなたに、いくつか質問します。

・自分の嫌いなところ、変えたいところはどこでしょうか？
・では、その嫌いなところがどう変われば、自分を好きになれそうですか？
・何がどんなふうに変われば、今よりも幸せになれると思いますか？

「とにかく今の私とは真逆になりたい」という人も多いのですが、それは理想というよりも今の自分を全否定しているだけなのでおすすめできません。

もし仮に今の自分と真逆に変われたとしても、「変われた！　できた！」という目標達成の喜びと、「やっぱり前の私はダメだったんだ……」という落ち込みが同時に押し寄せて混乱することがあるからです。

「今の部屋がイマイチだから」となんとなく部屋の模様替えを始めても、何をどう変えていいか迷ってしまいますよね。とりあえず掃除をして部屋をきれいにすることはできるかもしれませんが、どんな部屋にしたいのかイメージできていなければ、インテリアをガラリと変えるのは難しいです。

でも、「物がないスッキリとした部屋にしたい」「北欧カフェっぽくしたい」など理想や目的がはっきりしていれば、それに合わせて部屋を形づくっていくことができます。イメージに合うものを揃えたり、効率的に必要なものを買い足すこともできます。

「自分のここを変えたい」「ありのままでいいと思えない」と感じていたとしても、「じゃあ理想は？　どうなりたい？」と聞かれるとなかなか答えられないことは多いもの。自分を変えたいと思う人は、まずは自分の理想をはっきりと思い描くことから始めてみてくださいね。

自分を変えるためには、人を真似ることから始めるのがもっとも効果的です。「きれいで優しくて、いつも笑顔で……」というような漠然とした理想よりも、「友達の〇〇さんみたいになりたい」「芸能人の〇〇さんが理想」というようにはっきりと人物像をイメージするようにしてください。この人ならこう言いそうだな、この人ならこんなふうに行動するだろうな、など言葉や動作がイメージできる人物像があると自分を変化させやすいからです。

癖や自分らしさというのは、あなたの毎日の行動の積み重ねです。始めたばかりの頃はただの真似にしか思えないことも、真似をし続けることでだんだんと習慣化されていき、次第に「自分らしい行動」へと変わっていきます。なんとなく身につく癖でさえ、「こんなふうになりたい」と意識していくことで変えていけるのです。

あなたが変えたいのは、自分の話す言葉でしょうか？
それとも自分の考え方や、普段の行動でしょうか？

もし自分の話す言葉を変えたいと思ったら、「こんな言葉遣いをしたい」という理想の誰かを見つけてください。

そして使ってみたい言葉を3つピックアップします。

さらに1日の中で朝昼晩、最低3回はその言葉を使うように意識してください。この習慣を2〜3週間続ける頃には、使ってみたい言葉は「あなたがよく使う言葉」に変わっていきます。


もし自分の考え方を変えたいと思ったら、「こんなふうに考えられるようになりたい」「こんなふうに考えられたら幸せになれそう」という理想の誰かを見つけましょう。

何かを選択する時、特にどうするか迷った時には「理想のあの人ならどう考えるかな？」というふうにイメージします。落ち込んでどうしようもない時にも、「理想のあの人ならこんな時どう考えるだろうか？」と捉えることで早く立ち直れたり、そこまで落ち込まずに済むようになっていきます。

自分の行動を変えたいと思った時には、「こんなふうに行動してみたい」「こんなふうに行動できたら幸せになれそうだなぁ」という理想の誰かを見つけてみてください。いわばナビゲーターのような存在です。

アニメの登場人物や芸能人でもいいのですが、できれば身近な誰かで理想の人を見つけることをおすすめします。

行動できないと悩む人の多くは、行動する能力がないのではなく、行動するための後押しが足りないだけ。こんなふうに行動したいと思える人が身近にいれば、その人の行動をその場で真似することができるので、自分の行動を変えられる確率はグッと高くなりますよ。

自分を変えるために大切なのは、どんなふうに変わりたいのかという理想や目標をはっきり持つことです。

自分を変えたいけれどどんなふうに変わりたいのかわからないという場合は、まずは「こうなりたい」という理想や目標をはっきりとさせることから始めてくださいね。

自分を変える近道は、
憧れのあの人を真似してみること。
はじめは真似でも、
だんだん「自分らしさ」に
なっていくから

やりたいことや好きなものがわからない時は？

幸せになるためにはまず、苦手なものを手放したり嫌いな人から離れることから始めましょう。

そうすることで時間や体力に余裕ができ、幸せになるために必要な選択ができるからです。

さらには余裕ができた部分にやりたいことや好きなものを取り入れることで、これまでとは違う「今」が積み重なり、結果として幸せな未来がつくられていきます。

ですが、いざ行動しようとすると、やりたいことや好きなものがなかなか見つからないことがあります。自分は何がやりたくて、何が好きで、何をどうしていきたいのか、どうしてもはっきりとイメージできないこともあります。

「そんな自分はおかしいのでは」「みんなと違うのでは」と不安に感じる人もいるのですが、心配しなくて大丈夫。

実はこれまで誰かのためにがんばって生きてきた人ほど、そうなりやすいのです。

自分のやりたいことがパッと思い浮かばないのは、これまで誰かのやりたいことを優先したり叶えてきてあげたから。きっとそんなあなたは、自分の好きなものはわからなくても、誰かの好きなものなら答えられるのではと思います。

だからそんな自分に落ち込んでしまいそうな時には、「自分のやりたいことや好きなものがわからないほど、誰かのためにがんばってきたんだなぁ」と自分を労ってみましょう。これはなかなかできることではないし、とてもすごいことです。

でもこれからは、そろそろ自分のやりたいものや好きなものを見つけていくのも良いかもしれませんね。

やりたいことや好きなものが見つからない時というのは、やりたくないことと嫌いなことで手一杯なことが多いもの。だからまずは、やりたくないことと嫌いなことを探すことから始めましょう。

やりたいことが見つからない時は、やりたくないことを書き出します。
あなたのやりたいことは、書き出したもの以外にあるはずです。

やりたいことがない時は、いろいろ試してみるチャンスです。やってみたら「やりたい」「面白い」と思えるものに出会えることもあります。

実際にやってみたら、「やらなきゃよかった」と思うようなことがあるかもしれませんが、そんな時にも選んだ自分を責めないようにしてください。

ここで自分を責めてしまったら、何かにチャレンジすることそのものが嫌になってしまうからです。だからそんな時には「やらなきゃよかった、ということがわかった！」「やってみたおかげで、合わないものがわかった」と自分の選択や行動を肯定するようにしてください。この繰り返しが、否定されないという安心感、さらには新しい何かに挑戦する勇気につながります。

好きなものがわからない時は、嫌いなものを書き出してみましょう。
あなたの好きなものは、書き出したもの以外にあるはずです。

ただし、好きなものがわからない場合においては「好き」という感覚そのものがよくわからないことがあります。心がときめいたり、ワクワクしたり、楽しくてしょうがなかったり……そんな状態を「好き」と感じる人もいれば、それほど大きく心が動かないこともあります。

なお、我慢強い人ほど「好き」がいまいちピンとこなかったり、怒りが出にくい人ほど「楽しい」「嬉しい」が実感しにくい傾向があります。というのも人はどれか1つの感情だけを抑えることが苦手なので、ネガティブな感情を抑え込むと、ポジティブな感情もつられて抑え込まれてしまうのです。

「好き」「嬉しい」「楽しい」が実感しにくい時には、嫌なことを我慢しすぎていないかどうか、誰かのために無理して自分を抑え込んでいないかどうかを振り返ってみて

ください ね。

「好き」「嬉しい」「楽しい」は、心に余裕がある時ほど感じやすいもの。

嫌なことを我慢しすぎたり、誰かのために我慢が多かったなぁと感じるようなら、まずは我慢を少しずつやめることから試してみましょう。第4章でもお伝えしたように、我慢をやめるだけで心や時間に余裕ができますよ。

「好き」という感覚がよくわからない場合は、嫌いなもの以外をどんどん試していきましょう。

試しながら、どんな物事でどんなふうに自分の気持ちが動くのか、自分自身を観察してみてください。

「おっと、なんだかいつもより笑顔が多いですねぇ」「おやおや、かなり長時間熱中していますね」など、自分自身の行動をライブ配信するようなイメージで観察することで、「好き」「嬉しい」「楽しい」という感覚がだんだん摑めるようになっていきます。

いろいろ試すうちに、わからないことやできないことがたくさん出てくるかもしれません。
でもそんな時こそ、自分を認めるチャンス。「できない」「わからない」とそんな自分を責めてしまうのではなく、「わからないことが、わかった」「苦手だとわかった」というふうに、どんな自分もそのまま受け止めてみてください。

今の自分を否定しないことが、今を大切にすることにつながり、その積み重ねが未来の自分の幸せにつながりますから。

幸せをつくるために一番大切なこと（「自分なんて」を「自分らしさ」に）

この章では幸せな未来をつくるための方法をいくつかお伝えしてきましたが、何より大切なのは自分で自分を否定しないことです。どんなに良い方法を取り入れたとしても、自分を否定していては幸せになることができません。

幸せになれるかどうかの鍵を握るのは、幸せになる方法よりも自分自身の心のあり方なのです。

あなたの一挙一動を厳しく観察して、「ここがダメ」「もっとこうしたほうがいい」と指摘ばかりして、困った時に見捨てるような人の側にいたいと思えますか？

それよりもあなたをあたたかく見守って、励ましたり慰めてくれたり、困った時には手を貸してくれるような人の側にいたいと思いませんか？

厳しく指導してくれる人がそばにいると成長できるという考え方もありますが、もし仮にそうだとしても３６５日24時間ずっと厳しく監視されるのはしんどいもの。その人に怒られないためにどうするかばかり考え続けなくてはいけませんから、自分らしい幸せな生き方とは程遠い生き方となってしまいます。

自分とは離れられません。

だから「自分なんて」と自己否定ばかりする行為は、厳しく監視する人が３６５日24時間ずっとそばにいるような状態になってしまうのです。これでは、なかなか幸せになれません。

自分が好きになれないとしても、今の自分が嫌だとしても、自分を変えたいとしても……。だからこそ、自分を否定したり責めたりしないでおきましょう。自分を責めずに、今の自分を受け入れて肯定することが、幸せに生きるための近道です。

そして大切なことをもう１つ。

自分自身に対して、幸せになることを許可してください。

幸せになれるわけがないと思っていると、幸せになれない選択が増えてしまいます。

さらには「自分には幸せになる資格がない」「自分だけ幸せになってはいけない」という思いが心のどこかにあると、幸せを手放してしまったり、自ら幸せを壊して後悔してしまうこともあります。

「幸せになっていい」と強く信じることができれば、幸せになるための選択が増えていきます。あなたを幸せにしてくれる人やものが、増えていきます。

「幸せになりたい！」

そう思ってこの本を手に取ってくれた時点で、あなたはもう幸せに生きるための第一歩を踏み出しています。

自分を否定しないことと、自分が幸せになることを許すこと。

この2つを守ることさえできれば、あなたの幸せはつくれます。「自分なんて」を「自分らしさ」に変えていけます。

大丈夫ですよ。まずはあなたが、あなたを信じてあげましょう。

幸せになれるかどうかの鍵は
あなたの心にある。
自分なんてを自分らしさに
変えていける

参考文献

ヴァン・ジョインズ、イアン・スチュアート（著）、白井幸子、繁田千恵（監訳）
『交流分析による人格適応論』 誠信書房

加藤俊徳
『脳は自分で育てられる』 光文社

Elaine N. Aron Ph.D.
『The Highly Sensitive Person in Love』 Harmony

PROFILE

Poche(ポッシュ)

精神科クリニックに併設のカウンセリングルームで10年以上心理カウンセラーとして勤務した後、独立。現在は人間関係、親子問題、機能不全家族専門カウンセラーとして活動。2021年より悩みを抱える方たちに「気づき」を得てもらうことを目的としたTwitterでの発信を開始すると、1年後の2022年初めにフォロワー2万人超えとなる。メールでのカウンセリング、対面カウンセリングともにいつも予約がいっぱいで、現在も数か月待ちの人気カウンセラー。著書に『あなたはもう、自分のために生きていい』(ダイヤモンド社)、『あなたの「しんどい」をほぐす本』(KADOKAWA)などがある。

[HP]https://poche862.com/

[Twitter]@Poche77085714

イラスト　Poche
ブックデザイン　山崎平太（ヘイタデザイン）

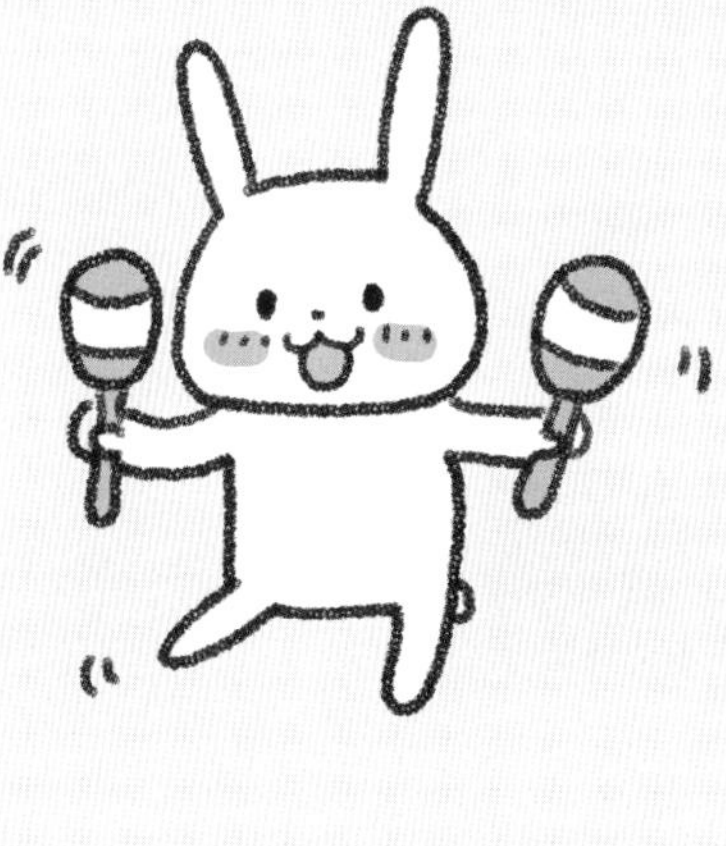

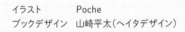

がんばりすぎて疲れたあなたが
自分の幸せをつくる本

2023年9月13日　初版第1刷発行

著者　Poche《ポッシュ》
Ⓒ Poche 2023, Printed in Japan

発行者　松原淑子
発行所　清流出版株式会社
〒101-0051
東京都千代田区神田神保町 3-7-1
電話　03-3288-5405
ホームページ　https://www.seiryupub.co.jp/

編集担当　秋篠貴子
印刷・製本　シナノパブリッシングプレス

乱丁・落丁本はお取替えいたします。
ISBN978-4-86029-549-3

本書をお読みになった感想を、下記QRコード、URLからお送りください。
https://pro.form-mailer.jp/fms/91270fd3254235

本書のコピー、スキャン、デジタル化などの無断複製は著作権法上での例外を除き禁じられています。

本書を代行業者などの第三者に依頼してスキャンやデジタル化することは、個人や家庭内の利用であっても認められていません。